Selbstliebe ist (k)eine Kunst

Mit der energetischen Metamorphose Ängste überwinden & Selbstliebe lernen

von Fabian Wollschläger

Bibliografische Information der deutschen Nationalbibliothek
Die Deutsche Nationalbibliothek verzeichnet diese Publikation in der Deutschen Nationalbibliografie; detaillierte Daten sind im Internet abrufbar über:
https://portal.dnb.de

Selbstliebe ist (k)eine Kunst
1. Auflage, 2019
Fabian Wollschläger
Hoher Weg 64, 46446 Emmerich

Ein Imprint von
Fabian Wollschläger
Hoher Weg 64, 46446 Emmerich

Buchsatz: Fabian Wollschläger
Korrektorat & Lektorat: Lioba Geerling
Cover: Katharina Bollmann

ISBN-13: 9781792936548

Besuche gerne auch meine Webseite unter:
www.fabianwollschlaeger.de

Die Beziehung zu dir ist der Samen, aus dem dein Leben erwächst

Gib auf ihn Acht und dein Leben wird Acht auf dich geben

Vertraue ihm und dein Leben wird dir vertrauen

Liebe ihn und dein Leben wird dich lieben

Inhalt

Vorwort

Hey, mein Name ist Fabian. Schön, dich kennenzulernen!

Bevor wir uns um dich kümmern, möchte ich dir kurz etwas über mich erzählen. Schon von klein auf bin ich ein Liebhaber der Dramatik. Damit ist nicht meine frühkindliche „Begabung" gemeint, auch aus der kleinsten Mücke einen riesigen Elefanten zu machen. Stattdessen beziehe ich mich auf eine der drei elementaren literarischen Gattungen. Jeder kennt das Drama und wir alle lieben es, wenn auch meist nur in den Kleidern actiongeladener Hollywood-Blockbuster oder magischer Fantasy-Reihen.

Das klassische Drama besteht aus fünf Akten. Nach einer knappen Einleitung, welche die Welt, den Helden und seine Gefährten vorstellt, folgen bereits die ersten Komplikationen. Die Handlung gewinnt an Geschwindigkeit und die Situationen verschärfen sich. Im dritten Akt findet der vorzeitige Höhepunkt statt; den Helden verlässt zum ersten Mal das Glück. Danach flacht die Handlung zunächst ab. Es folgen verschiedene Szenen, die den Zuschauer oder Leser hinhalten und eine Spannung aufbauen. Bis sich mit der Katastrophe im fünften Akt schließlich alles entlädt, bevor schlussendlich jeder Konflikt gelöst wird. Letzteres ist das allseits beliebte „Happy End" und der Grund für meine Liebe zur klassischen Dramatik. Nachdem der Held alle seine Kräfte erworben hat, durch Höhen geflogen und durch Tiefen gekrochen ist, meistert er den finalen Konflikt mit Bravour,

sodass endlich der ewig währende Frieden in seine Welt einkehrt. Jeder Bestseller-Roman und auch jeder erfolgreiche Film sind nach diesem Prinzip aufgebaut.
Auch wir sind Protagonisten, die in dem Drama unseres eigenen Lebens die Hauptrolle eingenommen haben. Doch der Handlungsverlauf unseres Lebens folgt nicht dem starren 5-Akt-Regeldrama. Die Struktur unseres Lebens ist sehr wechselhaft. Statt die ruhmreichen Abenteuer eines Helden zu erleben, finden sich die meisten Menschen heute in einem parodistischen Puppenspiel wieder, in welchem sie ihre Fäden Akt um Akt an die Hände ihrer äußeren Umstände verlieren. So verschwindet das Bühnenspiel ihres Lebens immer weiter hinter dem illusionären Vorhang ihrer eigenen Machtlosigkeit. Bis sie schließlich der Täuschung verfallen, keine Kontrolle über die Orte, Charaktere und Szenen in ihrer Lebensgeschichte zu haben.

Mit meiner Sachbuchreihe der energetischen Metamorphose möchte ich deinem Leben wieder seine Dramatik schenken und dir als dein Assistent zur Seite stehen, um es im fünften Akt mit der Auflösung aller Konflikte „enden" und gleichzeitig ein neues Leben beginnen zu lassen. Die energetische Metamorphose ist eines meiner Drehbücher, das ich der Menschheit hinterlassen möchte, um zumindest einigen ihrer Geschichten einen wundervollen Wendepunkt zu verleihen. Hierzu habe ich diese Buchreihe mit all meiner Erfahrung verfasst und mit all meiner Energie verfeinert. Die Basis der energetischen Metamorphose wird zwar durch meine Interpretationen wissenschaftlicher, spiritueller und religiöser Grundannahmen gestützt, allerdings besitze ich nicht die Expertise eines Professors, die magischen Kräfte eines Mystikers oder die Weisheit eines Geistigen. Das hier vorgestellte Gedankengut ist aus Logik, sozialen Interaktionen und der Auflösung meines eigenen Dramas entstanden.
Wenn du diese Worte liest, wirst auch du die ersten vier Akte deines eigenen Dramas schon erlebt haben. Es tut mir leid, dass du neben den Höhen auch durch Tiefen gehen musstest. Doch während dieser Tiefen sind unbemerkt Kräfte in dir herangereift, die es dir ermöglichen, den finalen Kampf aufzunehmen und alle

Blockaden in deinem Leben endgültig aufzulösen. Diese Aufgabe kann dir das hier vorgestellte Modell nicht abnehmen, doch es wird dir die Kräfte zeigen, die in dir schlummern und dich lehren, sie einzusetzen.
Wenn du dieses Buch zu lesen beginnst, verlässt du deine alte Realität und trittst eine Reise an, um die Geheimnisse zu finden, die deine Welt momentan noch vor dir verborgen hält. Wenn du dieses Buch beendest, kehrst du als Held in deine Realität zurück, um mit deinen neu entdeckten Kräften nicht nur deine Grenzen zu überwinden, sondern auch deine Wünsche wahr werden zu lassen. Alle fantastischen Dramen enden auf diese Weise.

Und nun, lass uns dein Drama beenden.

Wichtiger Hinweis:
Die „(k)eine Kunst"-Bücher legen den höchsten Wert auf die praktische Anwendbarkeit ihrer Inhalte. Deswegen wurde das Modell der Energetischen Metamorphose für die kritischsten Lebensbereiche wie Liebe, Gesundheit und Erfolg individualisiert. In dieser Buchreihe unterscheiden sich daher ausschließlich die praktischen Beispiele sowie die Zusatzinhalte des jeweiligen Themas. Dieses Buch konzentriert sich dabei auf den Aufbau von Selbstliebe.

Was ist Selbstliebe(-mangel)?

Für die einen klingt die Liebe zu sich selbst wie die egozentrische Parole eines Narzissten. Für die anderen klingt sie wie eine Binsenweisheit. Doch Selbstliebe ist weder narzisstisch, noch ist sie selbstverständlich. Selbstliebe ist die tiefgreifende Erkenntnis, dass wir immer vollkommen waren und bis in unsere Ewigkeit vollkommen sein werden. Dass wir einzigartig, wertvoll und liebenswert sind, genau so, wie wir sind. Für diese Erkenntnis müssen wir all unsere „Fehler" als Illusionen enttarnen, bis wir letztendlich verstehen, dass wir nie auch nur einen einzigen Fehler besaßen. Erst dann können wir unsere fehlerlose Vollkommenheit umarmen. Und erst dann können wir uns wahrhaftig lieben.

Wer kann heutzutage noch von sich behaupten, dass er jedes Detail seiner inneren und äußeren Erscheinung liebe? Dass er jede Eigenschaft seines Charakters und jeden Zentimeter seines Körpers mit all seiner Liebe umarmen kann? Und wer kann umgekehrt noch ehrlich zu sich sagen, dass er keine Angst davor habe, etwas Falsches an sich zu haben, nicht dazuzugehören, abgelehnt oder verletzt zu werden?

Statt einer wärmenden Stimme, die uns wertschätzt, verständnisvoll ist, Rücksicht auf uns nimmt und uns Komplimente zuflüstert, dröhnt der innere Kritiker in uns, der uns vorwirft, dass wir minderwertig, unfähig und nicht genug seien. Die Verachtung gegenüber uns selbst entsteht allerdings nicht durch unseren inneren Kritiker, sondern dadurch, dass wir seinen Worten glauben. Immer wenn wir das Urteil unseres inneren Anklägers hinnehmen, sinkt unsere Selbstliebe weiter, während die verheerenden Folgen ihres Mangels zunehmen. Doch nur die Wenigsten sind sich ihrem massiven Mangel an Selbstliebe und seinen unvorstellbaren Auswirkungen in ihrem Leben überhaupt bewusst. Wenn wir uns selbst nicht lieben, dann verurteilen wir uns als nicht liebenswert. Und kein anderes Urteil hat mehr Einfluss auf unser Leben, als das, was wir über uns selbst fällen.

Statt uns unabhängig von unserem Besitz, unserem Status und unseren sonstigen „Leistungen" zu akzeptieren, knüpfen wir unseren eigenen Wert an die Erfüllung von fremden Erwartungen. So lernen wir, dass wir uns Liebe und Akzeptanz verdienen müssten, indem wir einen anständigen Beruf ausüben, unser Leben lang für andere arbeiten, vernünftig aussehen, keine Widerworte geben und unseren Selbstwert von den Erwartungen anderer abhängig machen. Dabei könnten Regeln, Bedingungen und Voraussetzungen kaum weiter von wahrer Liebe entfernt sein. Eine „bedingte" Liebe existiert nicht. „Liebesbeziehungen", die von Erwartungen gefüllt werden, sind nur emotionale Abhängigkeiten, um das Urbedürfnis nach Zuneigung zu stillen und die Ängste vor einer gesellschaftlichen Isolation zu betäuben. Zu diesen „Liebesbeziehungen" zählt auch die wichtigste Beziehung, die wir haben. Die Beziehung zu uns selbst. Auch sie wird mit Regeln, Bedingungen und Voraussetzungen an uns selbst gefüllt, denen wir erst nachkommen müssen, bevor wir uns endlich eingestehen dürfen: „Ich bin genug.", „Ich bin schön." oder geschweige denn: „Ich bin liebenswert.". Dabei könnte keine Erwartung je die Bedingungen wahrer Liebe erfüllen, denn sie ist bedingungslos.

Die Entstehung mangelnder Selbstliebe

All die Erwartungen, die sich wie eine Wand vor uns aufrichten und uns von unserer Selbstliebe trennen, sind angelernte Denk-, Gefühls- und Verhaltensmuster aus unserer Kindheit. Auch unsere „eigenen“ Erwartungen an uns selbst stammen nicht von uns, sondern sind konditionierte Programme unserer Eltern oder der Gesellschaft. Während unserer ersten Jahre sind wir noch reine Liebeswesen. Wir besitzen keinerlei Urteil in uns und lieben alle Menschen bedingungslos. Diese Liebe überträgt sich und so lieben als Neugeborene auch alle Menschen uns. Mit zunehmendem Alter lernen wir jedoch, dass wir nicht „richtig“ seien. Wenn wir nicht das tun, was unsere Eltern oder andere Erwachsene von uns erwarten, werden wir verbal bestraft. „Du bist ein böses Kind.“, „Du weißt nichts.“ oder „Schäme dich.“ Noch fataler sind Bedingungen wie: „Ich habe dich lieb, wenn du dein Zimmer aufräumst.“ oder „Gute Kinder machen so etwas nicht.“ So lernen wir auf direktem Wege, dass unser Wert nicht mit uns, sondern mit unserem Verhalten verbunden wäre. Allerdings sind wir nicht unser Verhalten und wenn wir mal einen „Fehler“ machen, bedeutet das nicht, dass wir fehlerhaft sind, sondern allenfalls unser Verhalten. Allerdings kennen wir diesen Unterschied als Kind nicht und sind auf die Liebe unserer Eltern angewiesen. Deswegen glauben wir ihnen alles, was sie uns sagen und suggerieren. Weisen sie uns ab, so ist das ein Signal für uns, dass wir nicht richtig seien. Folglich passen wir uns ihren Erwartungen an, um wieder geliebt zu werden. Statt auf bedingungsloser Annahme, beruht die klassische Erziehung auch heute noch auf veralteten gesellschaftlichen Idealen und mangelnder Selbstliebe von schuldlosen Eltern, die nur die Erwartungen aus ihrer eigenen Kindheit unbewusst auf ihre Kinder projizieren. So entwickeln wir angepasste Verhaltensmuster und unseren inneren Ankläger, der in den ersten Jahren die Aufgabe übernimmt, die Liebe unserer Eltern zu sichern. In der Regel versuchen wir es allen recht zu machen, stellen unser eigenes Wohl hinter das Wohl anderer und bemühen uns, nicht allzu sehr aufzufallen. Statt unser Innerstes authentisch auszuleben, verbergen wir es hinter einer Marionette, deren Fäden wir zwar noch in der Hand halten, deren Mimik und Gestik jedoch von der Gesellschaft gezeichnet wurden. Je älter wir werden, desto tiefer sinken unsere angelernten Muster in unser Unterbewusstsein. Von dort aus steuern sie unseren gesamten Lebensweg. Auch nachdem wir den Kindergarten, die Schule und unser Elternhaus bereits lange verlassen haben, richten wir unterbewusst noch jede unserer Handlungen darauf aus, unserem inneren Kritiker Folge zu leisten, um geliebt zu werden und uns erst durch die Liebe anderer selbst lieben zu können.

Die Folgen mangelnder Selbstliebe

Fehlende Selbstliebe drückt sich nicht nur in einer emotionalen Wechselhaftigkeit oder öffentlicher Unsicherheit aus. Die Folgen ihres Mangels erstrecken sich über all unsere Gedanken, unsere Gefühle, unser Verhalten, bis auf unser Körperbefinden und unsere zwischenmenschlichen Beziehungen. Da Selbstliebe die Basis eines erfüllten Lebens ist, ebnet ein Mangel an Selbstliebe den steinigen Pfad durch ein leeres Leben. Auf diesem Weg bleiben wir ewig Suchende, da wir etwas in materiellen Werten und anderen Menschen suchen, was wir nur in uns finden können. So erweitern wir unseren materiellen Besitz immer mehr, tauschen die Variablen in unserem Leben aus, wechseln Partner für Partner oder führen eine unerfüllte Beziehung, weil wir der Illusion verfallen, es sei die Aufgabe unseres Partners, uns zu lieben. Dabei ist keine Beziehung wichtiger, als die Beziehung zu sich selbst, da diese die Grundlage für alle anderen Beziehungen und einer anhaltenden Erfüllung bildet. Wer sich nicht lieben kann, der kann wahre Liebe weder annehmen, noch geben. Ebenso werden wir niemals mehr Liebe empfangen, als wir uns selbst in der Lage sind zu geben. Ein fehlendes Selbstwertgefühl ist eine zerstörerische Krankheit, die sich unbemerkt unter der Haut unseres falschen Selbstbildes ausbreitet und bis in jede Zelle unseres Lebens wirkt. So können wir unter Ängsten, Depressionen, einer allgemeinen Unzufriedenheit und noch sehr Vielem mehr leiden. Dabei sind all diese Auswirkungen nur Symptome. Um unsere seelische Krankheit zu heilen, müssen wir den Versuch beenden, nur ihre äußeren Symptome zu lindern. Das ist es, was die meisten Menschen heutzutage vergeblich versuchen. Sie wechseln ihre Partner, ändern ihren Job, wenden sich von Familie und Freunden ab oder trennen sich von anderen Teilen ihres Lebens. Bis sie bemerken, dass auch der nächste Partner, der nächste Job und all das andere „Neue" wieder zum „Alten" verblasst und ihnen nicht das geben kann, wonach sie sich in ihrem Innersten sehnen. Es sind nicht die anderen Menschen, Ereignisse oder Umstände, die den Schatten auf unser Leben werfen.

Unsere gesamte Außenwelt ist nur eine Projektion unserer inneren Welt. Leuchtet in unserem Inneren ein helles Licht, dann erstrahlt auch unsere äußere Welt. Wütet in unserem Innersten unbemerkt eine Finsternis, so geht auch unsere Außenwelt in Dunkelheit unter. Falls wir es nicht schaffen, unsere konditionierten Denk-, Gefühls- und Verhaltensmuster zu transformieren, werden sie uns bis kurz vor unserem Tod begleiten. Erst im Angesicht unserer größten Angst fällt der Schleier all der Illusionen, die wir mit unserer gesamten Energie unser ganzes Leben aufgebaut und aufrechterhalten haben. Dann blicken wir auf unser Leben zurück und erkennen plötzlich, dass all das Geld, die hart erarbeitete Karriere und auch all die sogenannten „Sorgen" und „Probleme" bedeutungslos waren. Erst wenn es in diesem Leben bereits zu spät ist, fällt unser tränender Blick auf das einzige, was wirklich wichtig war und uns die meiste Zeit in unserem Leben vor unseren Augen entgangen ist - die Liebe.

Es ist nie zu spät für das größte Geschenk deines Lebens

Fehlende Selbstliebe drückt sich nicht nur in einer emotionalen Wechselhaftigkeit oder öffentlicher Unsicherheit aus. Die Folgen ihres Mangels erstrecken sich über all unsere Gedanken, unsere Gefühle, unser Verhalten, bis auf unser Körperbefinden und unsere zwischenmenschlichen Beziehungen. Da Selbstliebe die Basis eines erfüllten Lebens ist, ebnet ein Mangel an Selbstliebe den steinigen Pfad durch ein leeres Leben. Auf diesem Weg bleiben wir ewig Suchende, da wir etwas in materiellen Werten und anderen Menschen suchen, was wir nur in uns finden können. So erweitern wir unseren materiellen Besitz immer mehr, tauschen die Variablen in unserem Leben aus, wechseln Partner für Partner oder führen eine unerfüllte Beziehung, weil wir der Illusion verfallen, es sei die Aufgabe unseres Partners, uns zu lieben. Dabei ist keine Beziehung wichtiger, als die Beziehung zu sich selbst, da diese die Grundlage für alle anderen Beziehungen und einer anhaltenden Erfüllung bildet. Wer sich nicht lieben kann, der kann wahre Liebe weder annehmen, noch geben. Ebenso werden wir niemals mehr Liebe empfangen, als wir uns selbst in der Lage sind zu geben. Ein fehlendes Selbstwertgefühl ist eine zerstörerische Krankheit, die sich unbemerkt unter der Haut unseres falschen Selbstbildes ausbreitet und bis in jede Zelle unseres Lebens wirkt. So können wir unter Ängsten, Depressionen, einer allgemeinen Unzufriedenheit und noch sehr Vielem mehr leiden. Dabei sind all diese Auswirkungen nur Symptome. Um unsere seelische Krankheit zu heilen, müssen wir den Versuch beenden, nur ihre äußeren Symptome zu lindern. Das ist es, was die meisten Menschen heutzutage vergeblich versuchen. Sie wechseln ihre Partner, ändern ihren Job, wenden sich von Familie und Freunden ab oder trennen sich von anderen Teilen ihres Lebens. Bis sie bemerken, dass auch der nächste Partner, der nächste Job und all das andere „Neue" wieder zum „Alten" verblasst und ihnen nicht das geben kann, wonach sie sich in ihrem

Innersten sehnen. Es sind nicht die anderen Menschen, Ereignisse oder Umstände, die den Schatten auf unser Leben werfen. Unsere gesamte Außenwelt ist nur eine Projektion unserer inneren Welt. Leuchtet in unserem Inneren ein helles Licht, dann erstrahlt auch unsere äußere Welt. Wütet in unserem Innersten unbemerkt eine Finsternis, so geht auch unsere Außenwelt in Dunkelheit unter. Falls wir es nicht schaffen, unsere konditionierten Denk-, Gefühls- und Verhaltensmuster zu transformieren, werden sie uns bis kurz vor unserem Tod begleiten. Erst im Angesicht unserer größten Angst fällt der Schleier all der Illusionen, die wir mit unserer gesamten Energie unser ganzes Leben aufgebaut und aufrechterhalten haben. Dann blicken wir auf unser Leben zurück und erkennen plötzlich, dass all das Geld, die hart erarbeitete Karriere und auch all die sogenannten „Sorgen" und „Probleme" bedeutungslos waren. Erst wenn es in diesem Leben bereits zu spät ist, fällt unser tränender Blick auf das einzige, was wirklich wichtig war und uns die meiste Zeit in unserem Leben vor unseren Augen entgangen ist - die Liebe.

Was ist Energie?

Die Grundlage

Wie stellst du dir „Energie" vor?

Energie begleitet uns überall und an jedem Tag. Vom Aufstehen, bis zum Schlafengehen. Am Morgen alarmiert uns unser Wecker, damit wir rechtzeitig aufwachen und unser Alltag beginnen kann. Nach einer wärmenden Dusche dient uns ein heißer Kaffee als letzter Genuss, bevor wir uns mit unserem Auto durch den Berufsverkehr kämpfen. Kehren wir am Abend von der Arbeit zurück, genießen wir unser Abendessen und erholen uns durch das Flimmern unseres Fernsehers. Bis wir uns schließlich wieder zu Bett legen und das Licht einer Lampe auf diese Worte richten, um die Kunst der Selbstliebe zu lernen. All diese Vorgänge beschreiben energetische Prozesse, die wir mit unseren fünf Sinnen wahrnehmen können, wenn Energie in sogenannte „nutzbare Energie" wie Strom umgewandelt wird. Allerdings neigen wir dazu, Energie auf unseren alltäglichen Nutzen zu reduzieren. Tatsächlich ist sie jedoch weit mehr als nur Elektrizität, Wärme oder Licht.

Energie ist etwas Abstraktes, das für die meisten Menschen nur existiert, um einen physikalischen Vorgang wie eine Erwärmung oder einen mechanischen Transport zu beschreiben. In der Tat fördert ein wissenschaftliches Grundverständnis ein Bewusstsein für Energie. Doch trotz historischer Fortschritte ist sie auch in der Physik noch heute ein unerklärbares Mysterium, weil sie die Grenzen der Naturwissenschaften überschreitet.

Das Wort „Energie" stammt von dem griechischem „energeia" und kann wörtlich unter anderem als „Wirkung" übersetzt werden. Mit dem Begriff der Wirkung gewinnen wir bereits ein umfassenderes Verständnis für Energie. Nicht nur thermische, elektrische, chemische oder mechanische Prozesse sind wirkende Energien.

Jede Wirkung ist eine Energie.

Diese Erkenntnis befreit die Energie von den Grenzen unseres physikalischen Schulverständnisses. Nach dieser Definition sind auch Ängste, Selbstzweifel und Selbstverurteilungen energetische Prozesse, denn sie haben weitreichende Wirkungen auf unsere Innen- und Außenwelt.

Eine Wirkung beschreibt immer eine Veränderung. Da alles eine Wirkung hat, unterliegt auch alles einer ununterbrochenen Veränderung. Auch der Grad unserer Selbstliebe verändert sich ständig. In einem Moment können wir uns noch akzeptieren, während wir uns im nächsten Moment verachten. Diese Veränderungen entstehen, weil Energien immer miteinander wechselwirken. Wenn wir durch unseren Alltag schreiten, dann wechselwirken wir mit allen Energien, die uns umgeben. Eine der unterschätztesten Wechselwirkungen birgt die Kommunikation zwischen verschiedenen Menschen. Nur wenige Energien können so einflussreiche Wirkungen wie der sprachliche Austausch haben. Wenige Worte reichen bereits aus, um auch den Grad unserer Selbstliebe stark zu regulieren. Falls wir beispielsweise ein Kompliment von einer Arbeitskollegin erhalten, wie attraktiv wir heute aussehen, entsteht eine positive energetische Wechselwirkung, durch die unsere Selbstliebe ansteigt. Werden wir stattdessen von unserem Vorgesetzten beschimpft, weil unsere Leistungen nicht seinen Anforderungen entsprechen, dann führt die negative Wechselwirkung zu einem Abfall unserer Selbstliebe.

Dieses Prinzip gilt nicht nur für geistige Wirkungen. Auch materielle Gegenstände, die leblos erscheinen, verändern sich in jeder Sekunde ihres Seins. Selbst Steine sind nicht starr, sondern wechselwirken gemeinsam mit ihrer Umwelt und lösen sich auf, auch wenn sie nur „unverändert" herumliegen. Ihr physikalischer Zerfall schreitet immer weiter voran, allerdings mit so niedriger Geschwindigkeit, dass wir die wirkenden Energien

nicht mit unserem bloßen Auge wahrnehmen können. Auch die meisten Energien, die jeden Tag auf uns einwirken, sind unsichtbar. Trotzdem haben jedes Wort, das wir hören und jeder Mensch, den wir sehen, eine Wirkung auf uns und tragen damit auch eine eigene Energie. Wir wechselwirken mit jedem einzelnen Sinneseindruck in unserer Umwelt, auch wenn die resultierenden Veränderungen so minimal sein können, dass wir sie nicht bewusst wahrnehmen. Allein in der Sekunde, in der du diesen Nebensatz liest, bist du von multimillionen Eindrücken umgeben. Unser Gehirn verarbeitet pro Sekunde etwa elf Millionen dieser Eindrücke. Das bedeutet, dass pro Sekunde elf Millionen Energien auf uns wirken und Informationen mit uns austauschen. Davon wirken die meisten Energien zwar nur verschwindend gering auf uns ein, einige andere können hingegen einen so starken Einfluss auf uns gewinnen, dass sie Gedanken und Gefühle erzeugen, die wiederum als Grundlage für unser Verhalten dienen können. So kann etwa ein einziger Satz eines Freundes ausreichen, um uns so zu verletzen, dass wir uns stunden- oder gar tagelang mit ihm streiten. Je nachdem, wie sensibel wir sind und welche Bedeutung ein Mensch für uns hat, kann bereits die Energie eines einzigen Blickes genügend Informationen enthalten, um ihn als Angriff zu interpretieren und sich entweder mit offener Wunde zurückzuziehen oder einen Gegenangriff einzuleiten.
Auch die Wörter dieses Buches tragen nicht einmal einen Bruchteil der Informationen, welche der Raum aussendet, in dem du dich gerade befindest. Trotzdem kann die Energie dieses Buches in der Wechselwirkung mit dir dazu führen, dass sich dein gesamtes Leben verändern wird.

Um das Rätsel zu lösen, was Energie überhaupt ist, fehlt uns neben der Wirkung noch eine weitere Variable. Wir leben in einer kausalen Welt, in der jede Wirkung aus einer Ursache entsteht. Diese Ursache wechselwirkt mit ihren umliegenden Energien und erzeugt so eine neue Wirkung. Diese Wirkung wird wiederum zu einer neuen Ursache, aus der wieder weitere Wirkungen und Ursachen entstehen. Zum Beispiel kann ein morgendlicher

Blick in den Spiegel dazu führen, dass wir uns als unattraktiv verurteilen. Wegen unseres vernichtenden Urteils schämen wir uns und gehen den gesamten Tag fremden Menschen aus dem Weg. Möglicherweise wären wir an diesem Tag allerdings unserem Seelenverwandten begegnet, mit dem wir gemeinsam die Zukunft unserer Träume erschaffen hätten, aus der wiederum eine endlose Anzahl Nachfahren entstanden wäre. Doch aufgrund unserer Selbstkritik am Morgen führen wir jetzt ein vollkommen anderes Leben und erschaffen eine vollkommen andere Zukunft. Diese unendlichen **Kausalketten** entstehen jeden Tag aus allem, was wir denken, fühlen und tun. Jede gegenwärtige Ursache führt zu einer Unendlichkeit zukünftiger Wirkungen. Wenn wir unsere eigene biologische Kausalkette zurückverfolgen, wird uns bewusst, dass selbst unser Leben aus den unscheinbarsten Wirkungen entstanden ist. In einer ewigen Gleichung aus zahllosen Variablen hätte nur ein Gedanke, ein Gefühl oder eine Entscheidung unserer Vorfahren anders sein müssen und wir hätten niemals das Licht der Welt erblickt.

„Die Energie kann als Ursache für alle Veränderungen in der Welt angesehen werden." [1]

- Werner Heisenberg, Physiknobelpreisträger

Durch das **Kausalprinzip** können auch kleinste Wirkungen den größten Effekt haben. Laut des Schmetterlings- und Schneeballeffekts kann sogar der Flügelschlag eines Schmetterlings einen Tornado auslösen und ein Schneeball eine Lawine verursachen. Genauso wie ein innerer Schuldspruch ein Gefühlschaos auslösen kann, das selbst einen Tornado und eine Lawine bei Weitem übertrifft. Etwas Großes ist niemals ein Zufall, sondern entsteht immer aus etwas Kleinem. Wollte man der Evolutionstheorie folgen, so basiere selbst die Entwicklung von Leben oder gar des Menschen auf „zufälligen" Mutationen. Die Wahrscheinlichkeit einer solchen Mutation ist bereits verschwindend gering. Allerdings sind für die Entstehung komplexer biologischer Strukturen sogar Kombinationen mehrerer Mutationen erforderlich, sodass die Wahrscheinlichkeit eines solchen Ereignisses so gering wird, dass wir uns diese Prozentzahl nicht im Entferntesten vorstellen können. Deswegen lautet auch eine moderne These der Wissenschaft: „Das Universum ist kein Zufall." Scheinbare „Zufälle" sind lediglich Wirkungen, deren Ursachen wir nicht kennen oder verstehen können. Selbst die leichtesten Stimmungsschwankungen entstehen niemals zufällig, sondern in ihrem Ursprung immer durch einen Selbstliebemangel in uns, auch wenn wir diesen häufig nicht als Wurzel für unser Unkraut erkennen.

Erweitern wir unser Schulwissen und Alltagsverständnis von Energie, erkennen wir also neben einer Wirkung als Energie ebenfalls:

Jede Ursache ist eine Energie.

Zu den energetischen Ursachen zählen nicht nur offensichtliche Energiequellen wie die Sonne, der Wind, Batterien oder Steckdosen, sondern unsere gesamte Umwelt. Wenn wir „Ursache" und „Wirkung" in die Gleichung der Energie einsetzen, bleibt kein Rest mehr übrig. Unser gesamtes Universum besteht aus Ursachen und Wirkungen. Es existiert nichts anderes. Jede Ursache wird zu einer Wirkung. Jede Wirkung zu einer Ursache. Alles im Universum entsteht aus Energie, ist Energie und überträgt Energie. Auch ein Mangel an Selbstliebe und eine bedingungslose Selbstliebe sind Energien bzw. Energieformen. Doch im Universum existieren nicht nur unsichtbare Energien, sondern auch sichtbare Energien, die wir „Materie" nennen. Während noch bis vor einigen Jahrzehnten in der Forschung zwischen Energie und Materie unterschieden wurde, bestätigt die neuzeitliche Wissenschaft die Summe aus den genannten Erkenntnissen, die viele Religionen, spirituelle Lehren und Philosophen bereits seit Jahrtausenden predigen:

Alles ist Energie.

In der früheren Wissenschaft nahm man an, dass Atome die kleinsten Bausteine der Materie seien. Es folgte die Entdeckung, dass Atome wiederum aus noch kleineren Teilchen bestehen, den Elektronen, Protonen und Neutronen. In den 1960er Jahren entdeckte man, dass auch die einstiegen Elementarteilchen nicht elementar waren, sondern aus noch kleineren Bausteinen bestanden, den Quarks. Die vergleichsweise jüngste Theorie ist die **Stringtheorie**. Angesichts dieses Ansatzes gelten Quarks als die Grundbausteine unseres gesamten Universums. Allerdings sind sie nicht punktförmig, wie zuvor vermutet, sondern fadenartig. Statt in einer festen Position zu verharren, schwingen die Strings, vorstellbar wie die Saiten (engl.: „string" = Schnur, Saite) einer subatomaren Violine, welche die Melodie des Universums spielt.

Energie schwingt.

Strings sind Energien in Bewegung und nach dem heutigen Forschungsstand die kleinste Einheit von allem, was existiert. Die „Tatsache", dass Materie fest sei, ist somit wissenschaftlich falsch. Feste Körper sind eine Illusion. Weder das Buch in deinen Händen, noch dein Körper bestehen aus fester Materie, sondern aus schwingender Energie. Verantwortlich für die verschiedenen Formen der Energie sind die Anordnung und Geschwindigkeit ihrer Schwingungen.

„Die Energie ist tatsächlich der Stoff, aus dem alle Elementarteilchen, alle Atome und daher überhaupt alle Dinge gemacht sind, und gleichzeitig ist die Energie auch das Bewegende." [2]

- Werner Heisenberg, Physiknobelpreisträger

Die wohl berühmteste mathematische Formel der Welt ist Albert Einsteins Relativitätstheorie: $E = mc^2$. Dank ihr wissen wir, dass Energie und Masse äquivalent sind. Das bedeutet, dass Energie und Masse ineinander umgewandelt werden können, weil sie in ihrer Natur eins sind. Doch wie entsteht aus den schwingenden Elementarteilchen die fest wirkende Masse, die wir Materie nennen?
1964 veröffentlichte Peter Higgs seine Theorie des nach ihm benannten Higgs-Mechanismus, der die Entstehung der Masse erklärt. Verantwortlich dafür ist ein Higgs-Boson, auch „Gottesteilchen" genannt. Dieses Teilchen, das knapp 50 Jahre nach seiner Theorie in 2012 entdeckt wurde, verleiht den Elementarteilchen in Wechselwirkung mit dem sogenannten **Higgs-Feld** ihre Masse. Das Higgs-Feld ist ein unsichtbares Energiefeld, das im gesamten Universum allgegenwärtig ist. Indem es die Elementarteilchen abbremst, können sie sich mit anderen Elementarteilchen verbinden. Auf diese Weise entsteht die Materie, die jedoch streng genommen keine Materie ist, sondern nur eine verdichtete Anordnung schwingender Energie.

„Materie bildet daher nur ein winziges Tröpfchen jenes Ozeans an Energie, in welchem sie relativ stabil und manifestiert ist." [3]

- David Bohm, Quantenphysiker

Das Higgs-Feld ist damit ein „magisches" Feld aus der Wissenschaft, durch das hypothetisch „Alles" (sichtbare Masse) aus „Nichts" (unsichtbare Schwingung) entstehen kann. Durch seine massebildenden Eigenschaften wird das Higgs-Feld auch als „Quantensirup" oder „Äther" bezeichnet, in welchem sich die schwingenden Elementarteilchen bewegen und zu statisch wirkender Materie entschleunigen können. Die physikalische Hypothese eines Äthers, der sich als unsichtbare Substanz durch das ganze Universum bewegt, nahm seinen Ursprung bereits im 17. Jahrhundert. Wesentlich älter ist der philosophische Ursprung des Äthers. Bereits die frühe griechische Philosophie nannte ihn den lebendigen, feinen Urstoff des Universums. Auch im Sanskrit, der „heiligen" Sprache Indiens, wird der Begriff „Akasha" für „Äther" verwendet. Es ist das fünfte Element, das den gesamten Kosmos durchdringt und keine atomare Struktur besitzt. In dieser Kultur wird der Äther als das Ewige in allem Sein und die physische Repräsentanz des allgegenwärtig Göttlichen betrachtet. Eine alles durchdringende Energie ist auch in anderen östlichen Religionen und Lehren schon seit Jahrtausenden bekannt. Dort wird sie unter anderem „Qi", „Chi", „Shakti" oder „Prana" genannt. Sie ist die „Quelle", die jede Existenz auf immaterieller Ebene miteinander vereint.

Wir sind mit allen Energien des Universums verbunden.

Ein anderer Begriff für ein universales Feld ist in der modernen Physik das „**Nullpunktfeld**". Dieses Feld wird auch das „universale Feld" genannt und für den Ursprung der Materie verantwortlich gemacht. Laut des Nullpunktfeldes herrscht in jedem Vakuum eine Nullpunktenergie, auch Raum-Energie genannt. Demnach enthalten bereits minimalste, leere Räume eine unvorstellbar große Menge an Energie. Diese Erkenntnis der modernen Wissenschaft stimmt mit den buddhistischen Lehren überein, welche das, was die Physik Nullpunktfeld nennt, als „Leere" tauften. Diese Leere ist allerdings nicht gleichbedeutend mit „Nichts", sondern mit reiner Energie. So wie die Materie keine Materie ist, ist „leerer" Raum also auch kein leerer Raum. Auch wir Menschen bestehen aus Atomen, die zu über 99% aus Leere bestehen. Unser Masseanteil ist so gering, dass wir zu mikroskopischer Größe schrumpfen würden, wenn der leere Raum zwischen Atomkernen und -hüllen nicht existieren würde. Wir bestehen also zu über 99% aus masseloser, reiner Energie.

Wir sind Energie.

Das Nullpunktfeld besitzt wesentliche Gemeinsamkeiten mit anderen hypothetischen Feldern, wie den morphogenetischen Feldern von Rupert Sheldrake, dem Informationsfeld der „Akasha-Chronik" aus der Mystik, dem universellen Feld „Tao" in der chinesischen Kultur oder dem „Asat" aus den indischen Traditionen. Alle diese Feldtheorien benennen ein energetisches Einheitsfeld, das alle Energien eines zusammenhängenden Systems, wie das des Universums, miteinander verbindet. Materie ist lediglich eine örtliche Verdichtung dieses Feldes, an dem sich die Energie konzentriert.

„Wir können daher Materie als den Bereich des Raumes betrachten, in dem das Feld extrem dicht ist. [...] In dieser neuen Physik ist kein Platz für beides, Feld und Materie, denn das Feld ist die einzige Realität." [4]

- Albert Einstein, Physiknobelpreisträger

Quantentheorie

Das Nullpunktfeld verbindet die Naturwissenschaften mit dem Wissen traditioneller Kulturen und ist eine theoretische Entdeckung aus der **Quantenphysik**. Die Quantenphysik stellt eine moderne Kategorie der Physik dar, deren Ergebnisse sich auf den ersten Blick jenseits unserer Logik bewegen. Gleichzeitig zählt sie zu einer der am intensivsten erforschten Teilbereiche der modernen Wissenschaft. Trotzdem ist ein Großteil ihrer Ergebnisse auch heute noch unerklärbar. Deswegen existieren verschiedene quantenphysikalische Interpretationen, die zum Teil von renommierten Quantenphysikern erstellt oder gestützt werden. Eine ihrer weitverbreitetsten Deutungen ist, dass unsere Wirklichkeit und unser Bewusstsein untrennbar miteinander verbunden sind. Deswegen werden durch die Quantenmechanik Annahmen erlaubt, nach denen unser Bewusstsein die Bildung von Materie und das Eintreten eines Ereignisses maßgeblich beeinflussen kann.

Damit ist die Vorstellung, die materielle Manifestation eines immateriellen Wunsches durch eine Macht zu beeinflussen, die wir alle in uns tragen, nicht mehr nur eine esoterische Fantasie, sondern eine wissenschaftliche Hypothese. Durch vielfach wiederholte Experimente, wie das berühmte Doppelspalt-Experiment, fanden Quantenphysiker heraus, dass einige Quantenobjekte sowohl den Zustand einer Welle, als auch den Zustand eines Teilchens annehmen können. Der Zustand hängt allem Anschein nach davon ab, ob das Quantenobjekt beobachtet wird und welche Erwartung der Beobachter hat. Das ist nicht nur erstaunlich, weil somit eine immaterielle Verbindung zwischen unserem Bewusstsein und der Realität herrschen würde, sondern auch, weil Welle und Teilchen zwei vollkommen gegensätzliche Zustände sind. Wellen breiten sich im Raum aus und können gleichzeitig an verschiedenen Orten sein. Sie sind vergleichbar mit Wellen, die aufgrund eines schweren Steines entstehen, den wir in die Mitte eines ruhigen Sees werfen. Die Wellen seines Aufpralls würden sich in Sekundenschnelle in alle Richtungen des Sees ausbreiten. Einen festen Ort der Wellen könnten wir nicht bestimmen, da sie sich an verschiedenen Orten gleichzeitig befänden. Könnten wir Menschen eine Welle-Teilchen-Form annehmen, wie das Quantenobjekt in dem Doppelspalt-Experiment, so könnten wir uns dematerialisieren und uns an jeden Ort im Universum „beamen". Ein Teilchen ist im Gegensatz zur Welle jedoch „fest" und besitzt einen eindeutigen Standort, so wie wir Menschen. Nach unserem rationalen Verstand kann etwas immer nur Welle oder Teilchen sein. Entweder ist es eine freie Welle oder ein festes Teilchen. Die Quantenphysik stellt jedoch die Gesetzmäßigkeiten von Welle und Teilchen auf den Kopf. Ihre Ergebnisse lassen darauf schließen, dass der Zustand eines Teilchens davon abhängt, ob es beobachtet wird und welche Erwartung der Beobachter hat. Quantenobjekte, zu denen auch die Grundbausteine der Materie gehören, unterliegen somit einem „**Welle-Teilchen-Dualismus**". Das bedeutet, dass sie nicht Teilchen **oder** Welle sind, sondern Teilchen **und** Welle sein können, je nachdem, was von ihnen erwartet wird.

Im Gegensatz zu einem materiellen Teilchen ist eine masselose Welle nicht fest terminierbar. Weil sie sich ununterbrochen ausbreitet, können wir sie nicht genau bestimmen, sondern nur eine Wahrscheinlichkeit berechnen, wann sie sich wo befindet. Statt ein fester Punkt zu einer festen Zeit an einem festen Ort zu sein, kann man eine Welle als eine „Möglichkeit" betrachten, die in jeder Form, zu jeder Zeit, an jedem Ort auftreten könnte.

Eine quantenphilosophische These lautet, dass jedes Quantenteilchen zunächst als Möglichkeit in Wellenform existiert. Daher wird das Nullpunktfeld auch das „**Feld der Möglichkeiten**" genannt. Demnach ist es vorstellbar, dass wir mit unserem Bewusstsein das Eintreten von visualisierten Umständen beeinflussen können. Erst wenn ein bewusster Beobachter eine bestimmte Möglichkeit erwartet, kollabieren die Wellen und werden zu materiellen Teilchen, die wir als Wirklichkeit wahrnehmen. Diese Interpretation der Quantenphysik, welche den Beobachter für die Materialisierung einer Welle verantwortlich macht, geht aus der „**Kopenhagener Deutung**" hervor. Sie findet sehr hohen Anklang in der Wissenschaft und stammt von den

Nobelpreisträgern Niels Bohr und Werner Heisenberg, die als Pioniere der Quantenphysik gelten.
Weltbekannt ist auch das Gedankenexperiment von Schrödingers Katze. In einer fiktiven Vorstellung wird eine Katze in eine undurchsichtige Kiste gesperrt, in welcher sich eine Apparatur mit einem instabilen Atomkern befindet. Der Atomkern zerfällt nach und nach und setzt schließlich einen Mechanismus in Gang, welcher die Katze tödlich vergiften wird. Die Zeitspanne des Zerfalls ist allerdings nicht berechenbar und unterliegt lediglich einer Wahrscheinlichkeit. Ob die Katze tot oder lebendig ist, wissen wir letztendlich erst, wenn wir die Kiste öffnen. Solange wir die Katze nicht beobachten können, würden sich nach den quantenphysikalischen Phänomenen beide Zustände überlagern. Die Katze wäre sowohl tot, als auch lebendig. Dieses Experiment ist eine vereinfachte Metapher für einen Quanteneffekt. Wenn ein Teilchen nicht beobachtet wird, kann es als Welle alles sein. Es existiert nur als Möglichkeit. Erst durch eine Messung, die in der Physik die Rolle des Beobachters einnimmt, materialisiert sich die unendliche Vielfalt der Möglichkeiten zu dem erwarteten Zustand.
Dieses Gedankenspiel zeigt auch, dass nicht jedes Quantengesetz unverändert auf unsere Realität übertragen werden kann. Eine Katze kann nicht gleichzeitig tot und lebendig sein. Trotzdem untersucht die Wissenschaft nicht grundlos immer tiefere Ebenen unseres Mikrokosmos, um daraus Gesetzmäßigkeiten für unseren Makrokosmos abzuleiten. Die Quantenphysik ist nicht nur eine der jüngsten, sondern auch eine der spannendsten Töchter der modernen Wissenschaft. Sie erforscht die kleinste Ebene, die uns experimentell zugänglich ist. Ihre Erkenntnisse können zwar nicht uneingeschränkt allgemein übertragen werden, trotzdem teilen die Ergebnisse der Quantenphysik weitreichende Gemeinsamkeiten mit dem uralten transzendenten Wissen östlicher Kulturen. Diese prophezeien seit ihrer Entstehung, dass alle Manifestationen unseres Kosmos Energien sind, dass alle Energien durch ein Feld miteinander verbunden sind und dass wir Menschen dieses Feld beeinflussen können. Die Präzision der übereinstimmenden

Informationen ältester Überlieferungen mit den neuesten Erkenntnissen aus der Quantenphysik kann nicht ignoriert oder als „Zufall" abgetan werden.

Seit Anbeginn der Menschheit spüren wir intuitiv, dass unsichtbare Kräfte existieren, die unsere Wirklichkeit beeinflussen. Die klassische Wissenschaft hat die Bedeutung dieser Kräfte entmachtet, indem sie Unsichtbares vom Sichtbaren trennte und das Geistige der Materie unterordnete. Doch die moderne Wissenschaft verbindet die östliche Weisheit mit dem westlichen Verstand und schenkt ihr eine akademische Basis, die zwar noch theoretisch ist, jedoch sukzessive praktische Beweise gewinnt. Diesen Umschwung verdanken wir vor allem der Quantenphysik, die darauf hinweist, dass die veralteten Vorstellungen eines objektiven Universums nicht mehr zu halten sind. Stattdessen wirkt es so, als habe jedes Bewusstsein einen hohen Einfluss auf die Gestaltung unserer Realität.

„Die Quantentheorie lässt keine völlig objektive Beschreibung der Natur mehr zu." [5]

- Werner Heisenberg, Physiknobelpreisträger

Quanteneffekte

Heute leben wir in einer Zeit, in der wir uns als Mensch von unserer Rolle als Spielfigur befreien und uns erstmals als Entwickler unseres eigenen Spiels erfahren. Das Zeitalter des Newton'schen Modells, welches ein starres Universum beschreibt, ist vorüber. Materie ist nicht fest, sondern besteht aus elektrischen und elektromagnetischen Schwingungen. Wenn sich verschiedene Schwingungsfrequenzen überlagern, verdichtet sich die Energie und es entsteht Materie. Eine überlagerte Wellenschwingung wird **Interferenz** genannt. Auch die Materie unseres Körpers besteht aus elektromagnetischen Interferenzen. Jede Zelle unseres Körpers schwingt. So entstehen Erscheinungen wie die „Aura", die als elektromagnetisches Feld um den menschlichen Körper auch wissenschaftlich nachgewiesen ist. Die Schwingungen dienen als Informationssystem, durch das alle Energien inn- und außerhalb eines Systems miteinander kommunizieren. Die höchsten elektromagnetischen Schwingungen innerhalb unseres Körpers senden unser Gehirn und unser Herz aus. Alternative Heilmethoden, wie die Bioresonanztherapie (griech.: „bios" = Leben, „resonare" = schwingen), wenden dieses Wissen an dem menschlichen Körper an, um die Informationsübertragung seiner elektromagnetisch schwingenden Zellen zu nutzen. Krankheiten sind danach dysfunktionale biologische „Störschwingungen". Bioresonanzgeräte erkennen diese Störschwingungen und verstärken sie, um so die Selbstheilungskräfte des Körpers zu aktivieren, sodass die anormale Schwingung neutralisiert wird. Aufgrund der energetischen Basis dieses Konzepts wird die Bioresonanztherapie auch Energie-, Informations- oder Quantenmedizin genannt.

Auch im Bereich der Grenzwissenschaften wird die Übertragung der quantenphysikalischen Phänomene auf unsere makroskopische Welt nahegelegt. Diverse Experimente untersuchen den Einfluss von Gedanken und Gefühlen auf Materie und stützen die These, dass ein Bewusstsein Quanteneffekte auslösen und dadurch nicht nur Materie beeinflussen, sondern auch erwartete Ereignisse hervorrufen kann.

Auch Parawissenschaften wie die Parapsychologie legten immer wieder Ergebnisse für den Beweis von „paranormalen" Fähigkeiten nahe. Die physikalische Grundlage für Phänomene wie die Telepathie bildet die **Quantenverschränkung**. Die Quantenverschränkung ist eine weitere Erkenntnis aus der Quantenphysik und beschreibt das Phänomen, dass sich zwei Quantenobjekte, die miteinander wechselwirken, „verschränken" können. Sie ermöglicht eine unmittelbare Kommunikation zwischen zwei Energien, ohne ein technisches Hilfsmittel oder eine zeitliche Verzögerung. Im Zustand der Verschränkung existieren zwei Energien, die sich auch als Teilchen anordnen können, nicht mehr unabhängig voneinander. Eine Änderung eines Teilchens führt unmittelbar zu einer synchronen Änderung des anderen Teilchens, auch wenn dieses sich am anderen Ende des Universums befände. Die Quantenverschränkung wurde in einigen Experimenten bereits über weite Distanzen nachgewiesen. Sie ist eine energetische Informationsübertragung mit Überlichtgeschwindigkeit, potenziell möglich aufgrund der Verbundenheit aller Energien durch das Nullpunktfeld. Auch das menschliche Gehirn nutzt zur Kommunikation zwischen seinen Nervenzellen Elektronen, die ebenfalls zu den Quantenobjekten zählen. Damit sind sie theoretisch in der Lage, sich mit anderen Elektronen zu verschränken und so Phänomene wie „Telepathie" oder „Hellsehen" auszulösen.

„Da das Hellsehen allem Anschein nach mit der Entfernung nicht schwächer wird, muss es nichtlokal sein. Man kann also logischerweise zu dem Schluss kommen, dass übersinnliche Phänomene wie Hellsehen und außerkörperliche Erfahrungen Beispiele für die nichtlokale Wirkungsweise des Bewusstseins sind." [6]

- Amit Goswami, Physiker

Selbst Einstein konnte diesen Effekt weder widerlegen, noch erklären und sprach deswegen von einer „spukhaften Fernwirkung". Überträgt man die Ergebnisse der Quantenverschränkung auf das Gehirn, könnte jeder Mensch die Fähigkeit besitzen, alleine durch sein Bewusstsein Informationen an seine Umwelt zu senden und auch von ihr zu empfangen, um so Wechselwirkungen wie eine telepathische Kommunikation hervorzurufen. Allerdings würde diese Kompetenz in aller Regel so schwach ausgeprägt sein, dass sie heutzutage ohne eine gezielte Übung und Konzentration von den anderen Umweltreizen überlagert werden würde.

Eine weitere Interpretation für einen sichtbaren Quanteneffekt liefern die berühmten Wasserkristall-Experimente des japanischen Alternativmediziners Masaru Emoto. Wie unser gesamtes Universum ist auch das Wasser Träger, Empfänger und Sender von energetisch-informativen Schwingungen. Emoto isolierte einzelne Wasserproben und besprach sie mit verschiedenen Wörtern wie „Danke", „Liebe" und „Entschuldigung". Andere Proben wiederum „beschimpfte" er mit Wörtern wie „Hass", „Leid" und „Zerstörung". In weiteren Versuchen spielte er einigen Wasserproben klassische Musik vor, andere beschallte er mit Heavy Metal. Unmittelbar danach wurden die Proben schockgefroren, um die Wasserkristalle zu untersuchen. So sammelte er während seiner gesamten Forschungsarbeit tausende Wasserkristall-Bilder. Das Wasser, welches positiv besprochen wurde oder harmonische Klänge empfing, bildete helle Kristalle mit ansprechenden, symmetrischen Mustern. Im Gegensatz dazu zeigten jene Wasserkristalle, die negativen Wörtern und unmelodischer Musik ausgesetzt wurden, ungeordnete Muster und schienen zu zerfallen. In weiteren Experimenten waren nicht einmal mehr die direkten Klänge von Wörtern oder Musik notwendig. Alleine die Beschriftung der Proben zusammen mit gerichteten, emotional aufgeladenen Gedanken führten zu identischen Resultaten. Ähnliche Experimente lassen sich mit gleichen Resultaten ebenso auf Lebewesen wie Pflanzen

übertragen. Sie wurden bis heute vielfach wiederholt und können dank ihrer Einfachheit von jedem Menschen überprüft werden.
Auch klassische Wissenschaften können die Macht unseres Bewusstseins nicht mehr leugnen. Den bekanntesten Beweis finden wir in der Medizin als „Placebo- und Nocebo-Effekt". Diese Effekte beschreiben das bewiesene Phänomen, das sich unser Körper der Erwartung anpasst, die wir ihm gegenüber haben. So kann ein „Medikament" eine heilende Wirkung auf uns haben, auch wenn es in Wahrheit nur eine wirkstofflose Zuckertablette ist. Falls wir die Wissenschaft und die Macht unseres Geistes separieren, so wie es konservative westliche Anschauungen üblicherweise pflegen, ist ein Placebo-Effekt medizinisch unmöglich. Trotzdem aktiviert die Kraft eines positiven Glaubens unsere Selbstheilungskräfte und sorgt für eine signifikante Verbesserung unseres Gesundheitszustands. Diese Effekte basieren nicht nur auf Einbildung, sondern lassen sich messen. Unser Glaube an Heilung verändert die Zellen unseres Körpers.
Im Gegensatz dazu können wir uns durch einen negativen Glauben an einen ungünstigen Krankheitsverlauf oder die Nebenwirkungen eines Medikaments schaden. Resignation und Verzweiflung richten nicht nur psychische, sondern auch physische Schäden an. Eine hoffnungslose Erwartungshaltung des Patienten kann die Wirkung einer Behandlung hemmen oder gar verhindern. Somit ist sein Glaube maßgeblich für seine Gesundung oder Erkrankung verantwortlich.
Mit dem Placebo- und Nocebo-Effekt verändern wir also nachweislich die Materie unseres Körpers. Die Interpretationen der Quantenmechanik deuten zusätzlich darauf hin, dass sich der Einfluss unseres Bewusstseins nicht nur auf die Materie unseres Körpers begrenzt. Die Aussage -

Geist schafft Materie.

- ist wissenschaftlicher denn je. Demnach können mögliche

Quanteneffekte wie Placebo- und Nocebo auch in unserem Alltag auftreten und unsere Umwelt wesentlich mitgestalten.

In einem veralteten Verständnis für unsere Realität würde unsere Außenwelt unsere innere Welt erschaffen. Lebensumstände wie unsere Gesundheit, unser Berufsleben unsere Finanzen und unsere zwischenmenschlichen Beziehungen würden nach diesem Verständnis unsere Gedanken und Gefühle bestimmen. Allerdings lehren uns nicht mehr nur spirituelle Überlieferungen, dass Innen- und Außenwelt in einer gegenseitigen Wechselwirkung entstehen, die wir durch unser Bewusstsein beeinflussen können. Auch unsere Selbstliebe bzw. unser Selbstliebemangel entstehen nicht durch die Umstände, die wir in der äußeren Welt erfahren. Stattdessen bilden sie mit unseren anderen Gedanken und Gefühlen die Basis unserer Realität und bestimmen nicht nur wie, sondern auch was wir in der äußeren Welt erfahren.

Da diese Erkenntnis erst die wenigsten Menschen erreicht hat und noch kein notwendiger Paradigmenwechsel unserer kollektiven Denkweise stattfand, nimmt der Nocebo-Effekt (dt.: Ich werde schaden.) auch heutzutage noch weitaus mehr Platz in unserem Leben ein, als der Placebo-Effekt (dt.: Ich werde gefallen.). Durchschnittlich haben wir 60.000 Gedanken pro Tag. Nur ca. 3% dieser Gedanken sind positiv. Über 70% sind „neutral" und mehr als 25% sind negativ. Deswegen lehren Buddhisten und andere Traditionen bereits seit Jahrtausenden die Achtsamkeit bezüglich unserer Gedanken. Wenn positive Gedanken so hohe Energien tragen, dass sie nachweislich sogar lebendige Materie heilen können, welche Auswirkungen hat es dann, wenn wir jeden Tag durchschnittlich 15.000 negative Gedanken zulassen?

Das Bewusstsein

Die Quelle unserer Energie

Stelle dir vor, du besäßest die Kraft, mit deinem Bewusstsein Energien zu verändern...

Nur wenige Fragen haben den Menschen in seiner historischen Entwicklung mehr beschäftigt, als die Frage nach seinem „Sein". Seit dem Anbeginn der Menschheit rätseln wir, wer oder was wir sind. Wenn wir geistig nicht über unsere Grenzen von Körper und Ego hinauswachsen, definieren wir uns heutzutage nur als Menschen mit einem Namen, einem Alter, einem Beziehungsstatus und einem Beruf. Äußerlich und innerlich würde uns jede einzelne Variable aus unserer Vergangenheit formen. Das Ergebnis dieser Rechnung nennen wir dann unser „Leben". Allerdings ignorieren wir mit dieser eingeschränkten Definition unser schöpferisches Potenzial und limitieren es auf seinen biologischen und geistigen Ausdruck. Wir haben einen Körper und ein Ego, doch wir sind nicht unser Körper und Ego. Diese Erscheinungen bilden lediglich die Werkzeuge, um uns und unsere Wirklichkeit zu erfahren. Unser wahres Sein ist das, was diese Werkzeuge schmiedet und einsetzt, sich jedoch hinter ihnen verbirgt. Wir sind **Bewusst-Sein**.

Wenn wir uns noch nie näher mit unserem Bewusstsein befasst haben, neigen wir dazu, es vorschnell als eine Funktion unseres Gehirns abzutun. Damit reduzieren wir allerdings die Essenz des Menschen auf die Aktivität bestimmter Gehirnareale. Folglich wären wir nur ein Produkt biologischer und biochemischer Prozesse ohne einen freien Willen. Doch wir sind wesentlich mehr als das. Das Bewusstsein ist unser wahrer Wesenskern, der uns und unsere Wirklichkeit miteinander verbindet. Unser Bewusstsein und unsere Wirklichkeit getrennt voneinander zu betrachten, ist nicht mehr zeitgemäß. Sie sind nicht nur verbunden, sondern beeinflussen sich auch zu jeder Zeit gegenseitig. Dabei ist der Einfluss unseres Bewusstseins deutlich höher, als wir es uns mit unserem Alltagsverstand ausmalen könnten. Gerade der westliche Verstand vertritt voreilig die Annahme, es sei nur das real, was sichtbar sei. Dabei sind es die unsichtbaren Kräfte, welche die sichtbarsten Wirkungen zeigen. Die monströse Wirkung einer Atombombe lässt sich sogar aus dem Weltall beobachten, während ihre unvorstellbare Energie durch eine atomare Kernspaltung entsteht, die das menschliche Auge ohne Hilfsmittel nicht einmal erfassen kann. Eine noch beeindruckendere Wirkung zeigt die Liebe. Auch sie ist eine unsichtbare Energie, aus der jeden Tag etwa 380.000 Wunder das Licht unserer Sonne erblicken. Keine andere Energie hatte einen höheren Einfluss auf die Menschheitsgeschichte. Doch auch rein physikalische Kräfte wie die Gravitation oder den Elektromagnetismus können wir nicht sehen und trotzdem lehren sie uns, dass es die unsichtbaren Kräfte sind, die das gesamte Universum steuern.

Nach der Kopenhagener Deutung der Quantenphysik kann unser Bewusstsein die Materialisierung eines Teilchens aus einer Welle verantworten. Quantenphilosophische Sichtweisen leiten daraus ab, dass unser Bewusstsein die Erschaffung unserer Realität beeinflusst. Nicht nur die Bildung eines mikroskopischen Teilchens, sondern auch die Begegnungen mit anderen Menschen, das Auftreten von Chancen und die Verwirklichung von Wünschen. Allerdings auch das Erleiden von Rückschlägen und noch Vielem mehr.

„Bewusstsein erzeugt Realität." [7]

-Eugene Wigner, Physiknobelpreisträger

Wenn unser Bewusstsein das Verhalten von Wellen und Teilchen beeinflussen kann, muss unser Bewusstsein eine Energie haben. Die Verhaltensveränderung des Teilchens ist eine Wirkung, die aus unserem Bewusstsein als Ursache hervorgeht. Wirkung und Ursache stehen in unmittelbarer Verbindung und bilden einen energetischen Prozess. Geist formt Materie, sowie Materie Geist formt, weil sie beide energetischen Ursprungs sind und miteinander wechselwirken. Somit ist das Bewusstsein unser Werkzeug, mit dem wir unsere Energie ausrichten können, um eine Wirklichkeit nach unseren Wünschen zu formen. Eine Wirklichkeit, die nicht von Mängeln gezeichnet wird, sondern durch den Überfluss unendlicher Liebe in allen Bereichen erstrahlt. Wenn wir unser Leben verändern wollen, müssen wir uns verändern. Und wenn wir uns verändern wollen, müssen wir unser Bewusstsein verändern, denn das ist es, was wir jenseits unserer Oberflächen sind.

Um die Wirkweise unseres Bewusstseins zu begreifen, müssen wir zunächst die verschiedenen Elemente unseres Bewusstseins separieren, definieren und sie in ihrem ganzheitlichen Zusammenhang verstehen. Dazu können wir uns unsere Realität wie ein Haus vorstellen. Manche Realitäten sind pompös, glänzen und ragen bis in den Himmel. Andere Realitäten sind porös, beschädigt und stehen kurz vor dem Einsturz. Trotzdem ist die Bauweise jeder Realität gleich. Jeder Gedanke und jedes Gefühl stehen für je einen Stein in den Mauern unseres Hauses. Das Fundament bilden unsere Glaubenssätze. Die Summe aus unseren Gedanken, Gefühlen und Glaubenssätzen können sowohl ein warmes Zuhause, als auch ein kaltes Gefängnis erschaffen. Doch unser Haus ist nicht starr, sondern flexibel. Wenn wir uns dessen nicht bewusst sind, kann es jederzeit zusammenbrechen. Entdecken wir hingegen die schöpferische Macht in uns, können wir unser Haus jederzeit renovieren. Wenn wir lernen, wie wir die Energie unseres Bewusstseins ausrichten können, dann werden wir zum Architekten unserer Realität.

Die Energie unserer Gedanken

Wenn ich dich bitte, einen Gedanken zu malen, wie würde dieses Bild aussehen?

Wir können keine Vorstellung eines Gedankens entwickeln, weil wir uns nur etwas vorstellen können, das in den gleichen Dimensionen existiert, in denen wir uns bewegen. Allerdings unterliegen unsere Gedanken weder Raum noch Zeit.

Während sich unser Körper diesen Dimensionen unterwerfen muss, können sich unsere Gedanken frei zwischen Raum und Zeit entfalten. Wie in der Quantenwelt existieren in der Welt unserer Gedanken weder feste Positionen, noch feste Zeiten. Wenn wir denken, befreit sich unser Bewusstsein von den materiellen Fesseln und reist zu beliebigen Orten in die Vergangenheit oder Zukunft. Geistige **Raum- und Zeitreisen** sind eine Fähigkeit, die wir jeden Tag unzählige Male unterbewusst nutzen. So können wir nach dem Aufstehen noch an unserem Traum aus der Nacht zurückdenken oder in der Mittagspause schon von unserem Feierabend träumen. Dabei kann diese Fähigkeit weitreichende Folgen haben und sowohl Fluch, als auch Segen sein.

Psychische Leiden können einzig und alleine durch eine Reise in die Vergangenheit entstehen. Wenn uns unser Aussehen oder eine Charaktereigenschaft unangenehm ist, dann schämen wir uns nur, weil wir in unserer Vergangenheit gelernt haben, uns dafür schämen zu müssen. Richten wir unsere Aufmerksamkeit dann auf unsere schiefe Nase, die schlaffen Muskeln oder unsere Schüchternheit, erinnern wir uns daran, wie uns gesagt oder suggeriert wurde, dass wir immer schön sein müssen und anderen offen entgegentreten sollen. Auch um Angst zu erzeugen, müssen wir uns gedanklich in eine andere Zeit begeben. Allerdings entsteht Angst nicht nur in Wechselwirkung mit unterbewussten Erinnerungen aus unserer Vergangenheit, sondern auch durch die Vorstellung einer möglichen Zukunft. *„Was wird passieren, wenn ich einem schönen Menschen begegne und er meinen di-*

cken Bauch und die breiten Hüften sieht?" „Wie werden die anderen wohl von mir denken, wenn ich mich bei dem Treffen nicht an den Gesprächen beteiligen kann und nur still dastehe?" „Was wird passieren, wenn meine Freunde erfahren, dass ich manchmal unter Depressionen leide?" All unsere negativen Gefühle entstehen aus unbewussten Reisen in unsere gedankliche Vergangenheit und Zukunft. Jedoch kann das raum- und zeitlose Denken auch für uns wirken. Erst diese Eigenschaft ermöglicht unseren analytischen Verstand, durch den wir reflektiert handeln und so einem blinden Reaktionismus entkommen können, um zu einem aktiven Schöpfer zu werden. Alleine um unsere alltäglichen Aufgaben zu bewältigen, von der Zubereitung unseres Essens bis zu unseren beruflichen Herausforderungen, nutzen wir erlerntes Wissen aus der Vergangenheit, um ein gewünschtes Resultat in unserer Zukunft zu erzielen.

Aus einer psychologischen Betrachtung besitzen unsere Gedanken also bereits außergewöhnliche Fähigkeiten und einen hohen Einfluss auf unsere Wirklichkeit. Doch es bleibt die Frage, was ein Gedanke überhaupt ist. Gedanken entstehen in unserem Gehirn, der Schnittstelle zwischen unserer materiellen und immateriellen Existenz. Auffällig ist, dass unser Gehirn nur ca. 2% unserer Körpermasse ausmacht, während es 20% unserer Energie fordert. Bei Neugeborenen sind es sogar bis zu 50% ihres Energiegrundumsatzes. Die Erklärung der Neurowissenschaft lautet, dass ein Gedanke ein Elektronentransfer zwischen den Synapsen unseres Gehirns ist. Allerdings sind Elektronen auch Quantenobjekte, die wiederum den Gesetzen der Quantenmechanik unterliegen können. Somit sind Gedanken Schwingungen, die theoretisch dazu in der Lage sind, sich mit anderen Schwingungen zu überlagern und sich zu Materie zu verdichten.

Philosophische Ansätze teilen Gedanken eine „**feinstoffliche Energie**" zu. Per Definition bewegt sich diese Energie schneller als mit Lichtgeschwindigkeit. Deswegen ist sie immateriell und unterliegt nicht unseren ersten vier Dimensionen. Diese Annahme ist eine mögliche Erklärung, warum wir uns mit der Hilfe unserer Gedanken frei durch Raum und Zeit bewegen können. Die Feinstofflichkeit ist allerdings nicht nur eine philosophische

Theorie, sondern findet ebenfalls Übereinstimmungen in der Physik. Dass in unserem Universum mehr als vier Dimensionen herrschen, ist eine Grundlage der Stringtheorie, welche sowohl die Quantenmechanik, als auch die allgemeine Relativitätstheorie miteinander vereint. Nach der Stringtheorie existieren in unserem Kosmos zehn Dimensionen, die sich jedoch aufrollen, sodass wir sie mit unserer menschlichen Wahrnehmung nicht erfassen können. Dass zudem eine elektromagnetische Wellenform existiert, die sich jenseits der Lichtgeschwindigkeit bewegen kann, ist durch die Experimente renommierter Physiker wie Nikola Tesla bekannt. Tesla gilt nicht nur als Initiator für Erfindungen wie das Radio oder den Elektromotor, sondern war auch einer der ersten Physiker, die für ihre bahnbrechende Forschung das Wissen um die energetische Lehre benutzten.

„Wenn du die Geheimnisse des Universums herausfinden willst, dann musst du in Begriffen wie Energie, Frequenz und Vibration denken." [8]

- Nikola Tesla, Erfinder & Physiker

Energie ist im gesamten Universum in unvorstellbarem Überfluss vorhanden. Auch alles, was wir uns wünschen, existiert aus energetischer Sicht bereits. Wir müssen nur Wege finden, um diese Energie umzuformen. Nikola Tesla entdeckte unter anderem die sogenannten „Skalarwellen" und schaffte es, die Raum-Energie des Nullpunktfeldes nutzbar zu machen. Der Charakter von Skalarwellen ähnelt stark der feinstofflichen Energie, die unseren Gedanken zugesprochen wird. Skalarwellen sind ebenfalls elektromagnetisch, bewegen sich schneller als mit Lichtgeschwindigkeit und können zu der von Einstein betitelten „spukhaften Fernwirkung" der Quantenverschränkung führen, laut der zwei Teilchen unmittelbar und ohne örtliche Verbindung miteinander wechselwirken können. Damit treffen auch bei dieser Idee Philosophie und Physik aufeinander und bilden eine Synthese.

Jeder Gedanke hat eine Energie. Genauso wie er eine Wirkung auf unsere innere Gedanken- und Gefühlswelt hat, kann er auch zu einer sichtbaren Wirkung in der Außenwelt führen. Letztlich sind Innen- und Außenwelt nicht so gegensätzlich, wie sie scheinen. Wenn wir einen Gedanken genauer betrachten, stellen wir fest, dass er immer eine innere **Vorstellung** ist. Auch die Ängste, dass andere schlecht über uns reden, dass wir von unserem Partner für jemand Besseren verlassen oder beruflich ersetzt werden, sind nur Vorstellungen. Gedanken nehmen in unserem Gehirn die Form von bewegten Bildern an, die neudeutsch auch „Kopfkino" genannt werden. Diese imaginären Vorstellungen grenzen wir von der realen Außenwelt ab, weil wir denken, sie existiere im Gegensatz zu unseren Gedanken außerhalb unseres Kopfes. Allerdings ist diese Annahme ein vorschneller Trugschluss. Auch die Bilder unserer Außenwelt sind lediglich Vorstellungen, die wir in unserem Inneren erzeugen. Wenn wir etwas sehen, treffen visuelle Reize von lichtreflektierenden Gegenständen auf unsere Netzhaut. Diese werden dann von unserem Gehirn verarbeitet und ergeben das Bild, welches wir sehen. Dass wir etwas außerhalb von uns wahrnehmen, ist demnach eine Illusion. Unsere fünf Sinne, allen voran unser Sehsinn, sind nur Hilfsmittel, um Vorstellungen zu erzeugen, durch die wir die äußere Wirklichkeit innerlich erfahren können. Deswegen ist auch das, was wir sehen, letztlich immer nur einer unserer Gedanken. Innen- und Außenwelt sind nicht getrennt, sondern untrennbar miteinander verbunden. Besonders stark können wir dieses Phänomen beobachten, sobald unsere Fantasie aktiv wird. Wenn wir einen Roman lesen oder einen Film schauen, empfinden wir trotz irrealer Bilder reale Gefühle, weil unser Gehirn immer nur innere Vorstellungen erzeugt, selbst wenn es die Außenwelt betrachtet. Die Geschichten aus Film, Fernsehen und Literatur sind nicht real, trotzdem erzeugt unser Gehirn für sie die gleichen Vorstellungen, wie für die reale Außenwelt, sodass sich auch die

Bilder unserer Fantasie real anfühlen. Innen- und Außenwelt werden eins. Wer als Kind einmal eine finstere Geschichte gelesen oder einen Horrorfilm angesehen hat, der weiß, wie schwierig es sein kann, innere Vorstellungen von der Außenwelt abzugrenzen. Vorstellungen sind die Kleider, in denen sich ein Gedanke hüllt. Sie haben einen so massiven Einfluss auf unsere Realität, weil sie die Sprache unseres Bewusstseins sind, in der wir die Realität verstehen.

Die Wahrheit über das Gesetz der Anziehung

Viele spirituelle Lehren sprechen den Gedanken eine materielle Anziehungskraft zu. Demnach könnten wir durch unsere Gedanken beeinflussen, welche Ereignisse in unser Leben treten. Das bedeutet, wir könnten unsere Realität kraft unserer Gedanken gestalten bzw. mitgestalten. Was auf den ersten Blick wie Märchenmalerei wirkt, beruht hinter dem Vorhang der Vorurteile auf logischen Interpretationen der modernen Physik. Allerdings wird die Basis dieser Annahme durch die Unterhaltungsliteratur zu stark vereinfacht und dadurch verfälscht, dass dem „Anziehungsgesetz" eine „Wünsch-dir-was"-Mentalität aufgezwungen wird.

Jeder Gedanke überträgt eine Schwingung, die das Potenzial besitzt, die Geschehnisse unserer Realität zu beeinflussen. Trotzdem werden wir nicht plötzlich mit Komplimenten überhäuft, mit Zuneigung überschüttet oder mit Liebe ertränkt, nur weil wir uns diese Situationen zuvor vorgestellt haben. Das bedeutet nicht, dass das Gesetz der Anziehung nicht funktioniert, sondern nur, dass es anders funktioniert.

Die Schwingung unseres Bewusstseins überträgt unser informatives Energiemuster. So bildet beispielsweise die Selbstverachtung ein sehr konträres Energiemuster zu der Energie einer fürsorglichen Selbstachtung. Wenn sich ein energetisches Muster mit der identischen Energie einer Möglichkeit aus dem universalen Feld überlagert, kollabieren die Wellen und die Möglichkeit wird zur Wirklichkeit. Sind wir von Misstrauen erfüllt, wird sich die Schwingung des Misstrauens in verschiedenen Formen in unserem Leben manifestieren. Leben wir hingegen in vertrauensvoller Liebe, dann erschafft unsere innere Liebe ein Leben, das von liebenswerten Umständen erfüllt wird. Das ist eine mögliche Konsequenz aus der Interpretation der Kopenhagener Deutung, nach der die Teilchenbildung der Materie von einem geistigen Prinzip beeinflusst werden kann. So manifestiert sich die Energie in unserem Leben, auf die wir unser Bewusstsein ausrichten. Schaffen wir es, uns selbst anzunehmen, dann lösen wir dadurch die energetische Blockade, die dafür verantwortlich war, dass wir uns selbst abgelehnt haben. Die Selbstablehnung ist allerdings nur ein Ausdruck von verschiedenen Formen dieser Blockade, hinter der sich ein grundsätzlicher Widerstand gegen die gegenwärtige Realität verbirgt. Energetische Blockaden besitzen einen „Streueffekt". Sie manifestieren sich in verschiedenen Formen und auf verschiedenen Ebenen. Allerdings wirkt dieser Streueffekt nicht nur in ihrer Entstehung, sondern auch in ihrer Auflösung. Lösen wir eine Blockade wie die Selbstablehnung auf, werden sich folglich auch andere negative Lebensumstände auflösen, die wir zuvor abgelehnt haben.

Gedanken bilden in der Gesamtschwingung unseres Bewusstseins unsere mögliche **Schwingungsfrequenz.** Positives Denken ist eine Voraussetzung für ein positives Leben. Doch positive Gedanken führen nicht zwingend zu einem positiven Leben. Obwohl ein Mensch die wärmsten Gedanken hat, kann er dennoch an einem bitterkalten Leben erfrieren. Physiker wie Max Planck erkannten, dass die Frequenzhöhe einer elektromagnetischen Strahlung mit der Höhe ihrer Energie korreliert. Aus einer quantenphilosophischen Sichtweise betrachtet, könnte man daraus ableiten, je höher die Frequenz unserer Gedanken ist, desto höher ist die potenzielle Energie, mit der wir unseren Wunsch buchstäblich in unsere Wirklichkeit ziehen können. Wenn wir uns selbst akzeptieren, dann werden uns auch andere Menschen akzeptieren. Doch wenn wir uns sogar selbst lieben, dann werden uns auch andere Menschen lieben und wir werden liebenswerte Möglichkeiten in unser Leben ziehen.

„Der Geist ist alles - was du denkst, das wirst du." [9]

- Buddha

Durch mangelhafte Erklärungen führt der erste Kontakt mit dem

Gesetz der Anziehung häufig zu der idealisierenden Annahme, es manifestiere unsere Wünsche. Allerdings ist ein Wunsch meist nur ein einzelner Gedanke oder eine kleine Gruppe von Gedanken. Das Gesetz der Anziehung beschränkt sich jedoch nicht nur auf einen oder wenige Gedanken. Wenn wir berücksichtigen, dass wir bis zu 60.000 Gedanken pro Tag haben, ist es unmöglich, dass sich all unsere Gedanken sofort manifestieren. Diese Einschränkung sowie die zeitliche Verzögerung, welche die Transformation einer feinstofflichen Energie in ihre materielle Form benötigt, dienen unserem eigenen Schutz. Eine unmittelbare Manifestation all unserer Gedanken hätte zur Folge, dass sich auch jeder negative Gedanke in unserem Leben projiziert. Das Gesetz der Anziehung bezieht sich jedoch auf unseren gesamten Bewusstseinszustand. All unsere Gedanken, unsere Gefühle und unsere Glaubenssätze bilden gemeinsam die **Grundschwingung** unseres Bewusstseins. Harmoniert die Schwingung eines einzelnen Gedankens, wie etwa einem Wunsch, nicht mit der Grundschwingung unseres Bewusstseins, hebt sich seine Schwingung auf. Wenn wir uns etwas Positives wünschen, doch die Mehrheit unserer unterbewussten Gedanken, Gefühle und Glaubenssätze noch negativ sind, dann bleibt die Schwingung unseres Wunsches zu schwach, um sich mit einer Schwingung aus dem universalen Feld zu überlagern und sich zu verdichten. In diesem Fall überdeckt die Grundschwingung unseres Bewusstseins die Schwingung des Wunsches, bis wir ihn aufgeben. Bei Interferenzen spricht man von einer „Auslöschung". Erst wenn die Schwingung des Wunsches mit unserer Grundschwingung übereinstimmt, kann sie sich mit den Wellen einer Möglichkeit überlagern und manifestieren.

Neben unserer Grundschwingung ist noch ein weiterer Faktor entscheidend, den wir für die Manifestation unserer Gedanken berücksichtigen müssen. Es existieren fast acht Milliarden Menschen. Alle Menschen besitzen ein Bewusstsein. Hinzu kommen noch weitere Lebewesen und Manifestationen, die in einer quantenphysikalischen Welt die Rolle des manifestierenden Beobachters einnehmen. Gemeinsam bilden Gruppen von Beobachtern ein **Kollektivbewusstsein**. So wie unsere Schwingung hat auch jede andere Schwingung einen Einfluss auf das Universum. Durch das kollektive Bewusstsein entsteht eine kollektive Realität.

Mit unserem Bewusstsein sind wir die alleinigen Schöpfer unserer individuellen Realität und gestalten gleichzeitig die kollektive Realität mit. Unser Einfluss auf die kollektive Realität ist zwar begrenzt, doch je höher unsere Schwingung ist, desto mehr Einfluss gewinnen wir auch auf ihre Gestaltung. Für unser eigenes Leben ist die Einschränkung unseres kollektiven Einflusses ohnehin irrelevant, weil nur unser eigenes Bewusstsein steuert, welche Möglichkeiten wir anziehen und wie wir diese erleben. Viele Menschen lassen sich von der kollektiven Realität limitieren. Sie sind überzeugt, sich nicht selbst lieben zu können, weil sie in einem lieblosen sozialen Umfeld, in einer lieblosen Gegend und zu einer lieblosen Zeit leben. Dabei stellt uns die kollektive Realität lediglich Möglichkeiten zur Verfügung, die wir dank unseres Bewusstseins in unsere individuelle Realität ein- und ausladen können. Zwar können wir nicht jeden einzelnen Windstoß wählen, der in unser Leben weht, doch wir können immer seine Wirkung auf uns und unsere Schwingung beeinflussen. Letztlich wird sich unsere Realität immer unserer Schwingung anpassen.

Das Gesetz der Anziehung hat Auswirkungen auf jeglichen Aspekt unseres Lebens. Das bedeutet, ob wir uns in unserer Vollkommenheit lieben oder Anteile von uns ablehnen oder gar hassen, offenbart sich auch in unserer äußeren Wirklichkeit. Alles um uns ist eine Manifestation unseres Bewusstseins in uns. Angefangen bei unserer Gesundheit, über unsere Finanzen, bis hin zu unseren Erfolgen und unseren Beziehungen. Diese Annahme kann jeder Mensch prüfen, indem er sein eigenes Leben reflektiert. Wenn wir die Gesamtheit all unserer Gedanken, unserer Gefühle und unserer Glaubenssätze mit unserem Leben vergleichen, stellen wir fest, dass unsere Innen- und Außenwelt identisch ist. Das Gesetz der Anziehung ist wie die vier fundamentalen Kräfte unseres Universums eine Naturkraft, die allgegenwärtig wirkt, im Guten wie im Schlechten. Die Annahme, es manifestiere nur Wünsche, ist gefährlich. Wünsche sind subjektiv und entstehen erst durch eine menschliche Bewertung. Das Gesetz der Anziehung ist hingegen neutral, weil es immer, überall und für jeden gilt. In der Natur existieren keine Wünsche. Sie ist, was sie ist, ohne einen Wunsch und ohne Partei zu ergreifen. Erst dadurch ist überhaupt ein freier Wille für jeden möglich. Deswegen reicht uns das Gesetz der Anziehung nicht das, was wir wünschen, sondern das, was wir nach der Grundschwingung unseres Bewusstseins sind. Es schenkt uns nichts Äußeres, sondern reflektiert lediglich das, was in uns ist.

Die Energie unserer Gefühle

Das Wort „Emotion" stammt von dem lat. „emovere", welches sich aus „ex" und „movere" zusammensetzt und „herausbewegen" bedeutet. Im Englischen wird „emotion" auch als eine Zusammensetzung aus den Wörtern „energy in motion" (dt.: Energie in Bewegung) interpretiert. Demnach sind unsere Gefühle eine Energie, die sich aus uns herausbewegt. Wenn unsere Gedanken unsere Schwingungs**frequenz** bestimmen, dann sind Gefühle die Schwingungs**intensität**, welche unsere Gedanken energetisch aufladen und ihnen dadurch Kraft verleihen. Hierzu können wir uns das Bewusstsein wie eine leistungsstarke Antenne vorstellen, die Radiowellen aussendet. Auch Radiowellen sind elektromagnetisch und dienen der Informationsübertragung. Wäre unser Bewusstsein eine Antenne, so wären unsere Gedanken die Frequenzregler, mit denen wir entscheiden, welche Frequenzbereiche wir aussenden und empfangen wollen. Unsere Gefühle wären die Elektrizität, welche den gewünschten Wellen eine schwache bis starke Energie verleihen und in der eingestellten Frequenz versenden würde. Um also mit der Antenne unseres Bewusstseins gewünschte Signale zu senden und zu empfangen, müssen wir sie als ihr Konstrukteur richtig ausrichten, die treffende Frequenz wählen und sie mit der nötigen Energie versorgen.

So bilden Gedanken und Gefühle unsere Schwingungsfrequenz und Schwingungsintensität und in ihrer Gemeinsamkeit die Grundschwingung unseres Bewusstseins. Sie sind unmittelbar miteinander gekoppelt. Jedes Gefühl löst einen Gedanken aus, so wie jeder Gedanke ein Gefühl auslöst. Jede Schwingung bewegt sich in einer Schwingungsfrequenz, so wie jede Schwingungsfrequenz von einer Schwingungsintensität begleitet wird. Vergleichen wir unser Bewusstsein mit einem Auto, dann wären unsere Gedanken das Lenkrad, welches unser Leben in eine gewünschte Richtung steuert. Unsere Gefühle wären sowohl das

Gaspedal, als auch die Bremse, welche die Geschwindigkeit unseres Autos regeln. Zusammen bestimmen sie Fahrtziel und Fahrtdauer.
Wenn positives Denken keinen nachhaltigen Effekt auf unsere Realität hat, dann sind unsere Gedanken nicht mit positiven Gefühlen wie Dankbarkeit, Vertrauen und Liebe aufgeladen. Wenn wir denken, dass wir attraktiv, wertvoll und unsere Lebensumstände befriedigend sind, während wir im Inneren noch fühlen, dass wir unattraktiv, wertlos und unsere Lebensumstände unbefriedigend seien, dann werden wir weiterhin äußeren Mängeln in Lebensbereichen wie unserer Gesundheit, unseren Finanzen und unserem Sozialleben begegnen. Unsere Innenwelt bildet immer die Grundlage für unsere Außenwelt. Erst wenn sich eine hohe Schwingungsfrequenz mit einer hohen Schwingungsintensität vereint, lösen sich die Wolken auf, die unsere Luftschlösser im Himmel halten, sodass sie langsam auf den Boden unserer Realität hinunter schwingen können.

Viele Menschen fühlen sich, als seien sie ihren Gefühlen ausgesetzt. Dieser Eindruck entsteht, weil sich ein Gefühl unterbewusst entwickelt, während der „Ausbruch" des Gefühls gerade für sensible Menschen sehr bewusst spürbar ist. Die Entstehung eines Gefühls beginnt bei jenen Menschen, die sich ihren Emotionen schutzlos ausgeliefert fühlen, immer mit einem äußeren Reiz. Ein Arbeitskollege reagiert beispielsweise nicht auf unsere Begrüßung. Daraufhin werden zahlreiche Nervenzellen in unserem Gehirn aktiviert, die miteinander kommunizieren. So vergleichen wir die gegenwärtige Situation mit unseren Erinnerungen an vergangene Situationen. In unserer Vergangenheit fiel eine Situation vor, in der wir von einem anderen Menschen absichtlich ignoriert wurden, weil er wütend auf uns war. Deswegen nehmen wir an, dass auch unser Kollege wütend auf uns sein muss. Zuletzt erschafft das limbische System, welches ein Teilbereich unseres Gehirns ist, ein Gefühl. Wir verspüren Unsicherheit. Dieses Gefühl dient dazu, uns die Bewertung des anfänglichen Reizes zu spiegeln, um auf dieser Grundlage eine Handlungsentscheidung zu treffen. Je nach Persönlichkeitstyp und Situation gehen wir unserem Kollegen entweder aus dem Weg und zerbrechen uns den Kopf darüber, was wir falsch gemacht haben könnten oder wir werden selbst wütend und begrüßen ihn fortan nicht mehr. Weil die meisten von uns unterbewusst in ihrer Kindheit gelernt haben, eine Verletztheit nicht oder nur begrenzt zeigen zu dürfen, gehen wir in den seltensten Fällen offen auf einen Menschen zu und fragen ihn nach dem Grund seiner Reaktion, der in diesem Beispiel nur das Überhören unserer Begrüßung gewesen sein könnte. Der gesamte Prozess von einem Reiz bis zu einer emotionalen Reaktion dauert nur einen Sekundenbruchteil und findet jeden Tag unzählige Male unterbewusst statt. So entsteht die Illusion, wir hätten keinen Einfluss auf unsere Gefühle. Die Illusion, dass wir trauern, uns ängstigen, uns schuldig fühlen und uns selbst als minderwertig verurteilen müssten, wenn gewisse Situationen auftreten. Nach dieser Annahme würde unsere Außenwelt mit ihren Reizen unsere innere Gefühlswelt bestimmen. Da unsere Gefühle unsere Energie erschaffen und diese wiederum gleichwertige Energien in unser Leben zieht, entstünde somit ein unüberwindbarer und unkontrollierbarer Teufelskreis, der uns in das Gefängnis unserer äußeren Umstände sperren würde.

Allerdings ist diese Sichtweise eine schmerzhafte Täuschung, die unser schöpferisches Potenzial stark einschränkt und uns entmachtet. Hätten wir keinen oder nur einen geringen Einfluss auf unsere Gefühle, dann hätten wir nur einen geringen Einfluss auf unsere Energie. Da unsere Energie ausschlaggebend für die Gestaltung unserer Wirklichkeit ist, wären wir in dieser Vorstellung die passiven Spielfiguren, die in ihrem eigenen Spiel wahllos hin- und hergeschoben würden. Leider empfinden sich heutzutage die meisten Menschen als unbeteiligte Komparsen in ihrem eigenen farblosen Theater.

In Wahrheit birgt die Erkenntnis, dass unsere Gefühle neben den Gedanken unsere Energie wesentlich mitbestimmen, jedoch eine ungeahnte Freiheit von fast grenzenlosem Ausmaß. Gefühle entstehen durch die **Bedeutung**, die wir einer Vorstellung zuordnen. Ein Mensch kann uns nur verletzen, wenn er oder seine

Meinung uns viel bedeutet, während wir uns selbst weniger bedeuten. Genauso wie unsere „Fehler" unseren Selbsthass nur schüren können, wenn wir sie als Fehler deuten. Existiert die Bedeutung einer Eigenschaft als Fehler nicht mehr in unserem Bewusstsein, existiert der Fehler auch nicht mehr als schöpferische Energie in unserem Leben. Der Zauber liegt also darin, dass unsere Bedeutungen ebenso wie unsere Vorstellungen nicht unveränderbar gegeben sind, sondern wir frei entscheiden können, welcher Vorstellung wir welche Bedeutung verleihen. Bedeutungen entstehen einzig und alleine in uns. Nichts äußeres hat jemals ein Gefühl in uns erschaffen. Wir erschaffen jedes Gefühl selbst, denn wir entscheiden, welche Bedeutung wir einer Vorstellung geben. Deswegen können große Menschen ihre Körpergröße als hässlich empfinden, obwohl kleine Menschen einen großen Körper als Schönheitsideal deuten. Das Gleiche gilt für alle Menschen, Umstände und Lebensbereiche. Während ein Beruf oder eine berufliche Position dem einen minderwertig erscheint, erfüllt der gleiche Job einen anderen Menschen mit größtem Stolz. Ebenso sind unsere Schwächen eines anderen Stärken und unsere Stärken eines anderen Schwächen, einzig und allein abhängig von der Bedeutung, die wir den jeweiligen Eigenschaften geben.

Gedanken und Gefühle erschaffen unsere Realität. Wir erschaffen unsere Gedanken und Gefühle. Kürzen wir diese Gleichung, erkennen wir, dass wir unserer Realität nicht ausgesetzt, sondern die Schöpfer unserer Realität sind. Wer die Fähigkeit erlangt, Bedeutungen frei zu wählen und jederzeit zu verändern, wird zum Meister seiner Gefühle und zum Großmeister seiner Energie. Damit wird unser Bewusstsein zum mächtigsten Werkzeug für die Gestaltung unserer Wirklichkeit. Es ist wie ein energetisches Schiff, welches unsere Gegenwart zu der Insel unserer Zukunft führt. Ob es in die Richtung unserer Träume oder Albträume fährt, entscheidet die Schwingungsfrequenz, die wir durch unsere Gedanken einstellen. Mit welcher Geschwindigkeit das Schiff fährt, wie schnell sich also ein Gedanke in seine materielle Form manifestiert, hängt von der Schwingungsintensität unserer Gefühle ab, mit der wir unsere Gedanken verknüpfen.

Um unsere Schwingung zu erhöhen und eine neue Wirklichkeit zu erschaffen, können wir alten Vorstellungen eine neue Bedeutung verleihen. Was wäre, wenn unser Aussehen nicht mehr eigenartig, sondern einzigartig wäre? Wenn ein Kollege nicht mehr uns kritisiert, sondern nur unser Verhalten? Und wenn deswegen nicht mehr unser Selbstwert sinken, sondern wir daran wachsen würden? So entstehen neue Gedanken und Gefühle, die sowohl unsere Schwingungsfrequenz, als auch unsere Schwingungsintensität erhöhen. Wenn Gedanken und Gefühle einander entsprechen, wenn sich also eine hohe Frequenz mit einer hohen Intensität verbindet, verstärkt sich die Schwingung, die unser Bewusstsein aussendet. Je mehr Gedanken und Gefühle wir von einer Art entwickeln, desto länger wird ihr Wellenmuster aufrechterhalten. Dadurch steigt die Wahrscheinlichkeit, dass sich die Schwingung unseres Bewusstseins mit der gewünschten Schwingung aus dem „Meer der Möglichkeiten" lange genug überlagert, sodass sich die Wellen verdichten und die gewünschte Wirklichkeit erschaffen.

Die Energie unseres Glaubens

„Glaube" ist ebenso wie „Energie" ein abstraktes Wort, für welches keine einheitliche Definition existiert. In einem religiösen Kontext bezeichnet der Glaube ein Vertrauen in eine Wesenheit, die jenseits unseres irdischen Daseins existiert. Häufig ist der Glaube an eine Institution oder ein Schriftstück gebunden. Allerdings begrenzt er sich nicht nur auf „Gläubige". Wir alle besitzen diverse Glauben, die in der Persönlichkeitsentwicklung als **Glaubenssätze** zusammengefasst werden. Glaubenssätze sind Überzeugungen, die wir als unumstößliche Wahrheit über uns und unsere Umwelt annehmen. „Ich bin unattraktiv.", „Ich brauche die Liebe meines Partners.", „Ich muss besser werden.", „Ich darf unter fremden Menschen nicht Ich sein.", „Ich bin ein Versager." und noch viele mehr.

Diese Überzeugungen entscheiden, wie wir unsere Realität wahrnehmen. Wenn wir uns als unattraktiv empfinden, sehen wir statt den ästhetischen Kurven unseres Körpers nur eine Masse, die an einigen Stellen weniger und an anderen Stellen mehr sein sollte. Oder wenn wir glauben, wir seien Versager, dann werden wir die Chancen, die sich uns überall und zu jeder Zeit bieten, aus Angst nicht einmal erkennen. Doch Glaubenssätze regulieren nicht nur unsere Wahrnehmung. Sie beeinflussen auch unseren Persönlichkeitstypen und formen unsere Verhaltensmuster. Wenn wir annehmen, zu dick zu sein, verstecken wir unseren Körper und meiden Gelegenheiten, in denen wir ihn anderen gegenüber offenbaren müssen. Brauchen wir die Liebe unseres Partners, werden wir ihm vermeintlich immer mehr geben, um so auch den Anspruch stellen zu dürfen, mehr zu nehmen. Bis wir schließlich nicht mehr bereit sind, ihm noch irgendetwas zu geben. Ist das Verhältnis in unseren Augen zu unausgeglichen, leidet die Beziehung so lange, bis sie zerbricht oder die Glaubenssätze bereinigt werden.

Von unserer Wahrnehmung hängt also ab, welche Bausteine wir in unserer Realität erkennen. Unsere Verhaltensmuster bestimmen wiederum, wie wir diese Bausteine verarbeiten. Sowohl die

Wahrnehmung als auch das Verhalten werden von unseren Glaubenssätzen gesteuert. Wir nehmen die Realität niemals so wahr, wie sie ist, sondern so, wie wir glauben, dass sie ist. Deswegen ist alles, was wir sehen und vor allem, wie wir es sehen, eine Projektion unserer eigenen Glaubenssätze. Wenn also jeder Gedanke und jedes Gefühl aus unseren Glaubenssätzen hervorgehen, dann besitzen sie die höchste schöpferische Macht in unserem Leben. Sie sind die Bindeglieder, die nach dem Gesetz der Anziehung unsere innere mit unserer äußeren Wirklichkeit verbinden.

Glaubenssätze entstehen, wenn wir einen Gedanken immer wieder wiederholen und mit intensiven Gefühlen koppeln. Energetisch formuliert, wird eine gewisse Schwingungsfrequenz lange beibehalten und mit einer starken Schwingungsintensität aufgeladen. Wenn wir also immer wieder in verschiedenen Situationen denken, dass wir nicht genug seien und uns dabei minderwertig fühlen, dann wird sich daraus ein Glaubenssatz bilden und wir werden davon überzeugt sein, immer ungenügend zu sein, unabhängig davon, wie wir wirklich sind. Mit jeder Wiederholung festigen sich Glaubenssätze, bis sie sich zu unserer Grundschwingung entwickeln. Typische Grundschwingungen der mangelnden Selbstliebe sind Minderwertigkeit oder Unfähigkeit. Je mehr wir diese Grundschwingung mit intensiven Gefühlen wie Trauer, Angst, Wut oder gar Hass nähren, desto stärker wird sie und sperrt uns in einen unbewussten Kreislauf, in dem jeder Mangel an Selbstliebe zu gleichwertigen Mängeln im Leben führt.

Wird eine Grundschwingung lange beibehalten, benötigen wir umso mehr Anstrengung, um sie umzukehren. Auch wenn wir es schaffen, kurzzeitig aus dem Gefängnis eines Glaubenssatzes auszubrechen, wirft er uns immer wieder in unsere alte Realität zurück. Gut gemeinte Vorsätze, wie die klassischen Neujahrsvorsätze, schwinden meistens genauso schnell dahin, wie sie entstanden sind. Der Wunsch einer Veränderung ist eine Voraussetzung für die Veränderung, doch er reicht nicht aus. Nach dem

Gesetz der Anziehung erhalten wir nicht das, was wir uns wünschen, sondern das, was wir sind. Und wir sind Bewusstsein, das von der Summe unserer Glaubenssätze geprägt wird.

„Du ziehst nicht das an, was du willst. Du ziehst das an, wovon du glaubst, dass es wahr ist." [10]

- Neville Goddard, Philosoph und Schriftsteller

Die energetische Arbeit an einer mangelnden Selbstliebe erfordert eine Veränderung unserer destruktiven Glaubenssätze. Diese sind wie Computer-Viren. Sie codieren unsere Wirklichkeit so, dass unsere Wahrnehmung, unsere Gedanken, unsere Gefühle und unser Verhalten ihren Programmen entsprechen, damit sie weiterlaufen und wachsen können. Dadurch zieht die Energie unserer Glaubenssätze immer mehr Grenzen um unsere einst grenzenlose Wirklichkeit. Dominieren negative Glaubenssätze unser Bewusstsein, dann wird unser Leben von ungewollten Umständen gezeichnet. Ersetzen wir hingegen unsere negativen Glaubenssätze durch positive Glaubenssätze, erhöhen wir unsere Energie und erschaffen eine neue Realität.
Viele Therapien, Trainings, Bücher und Seminare setzen nur bei Symptomen an. Sie schenken wertvolle Impulse und schaffen dadurch einen Raum für hochfrequente Gedanken und hochschwingende Gefühle. Doch nicht jeder unserer Gedanken manifestiert sich, auch wenn er von einem intensiven Gefühl getragen wird. Stattdessen manifestieren sich die Gedanken und Gefühle, die unser Bewusstsein dominieren. Um diese Gedanken und Gefühle langfristig zu verändern, müssen wir tief in unser Bewusstsein eindringen. Neue Erkenntnisse prallen häufig nur gegen den Rand des Wachbewusstseins. Wenn eine Erkenntnis nicht wiederholt wird und nur mit einem schwachen Gefühl gekoppelt ist, sinkt sie nicht bis in das Unterbewusstsein. Deswegen hält ihre Wirkung nur kurzfristig an. Falls also eine gewünschte Veränderung nicht oder nur kurzfristig eintritt, wie

das Kennenlernen eines liebenswerten Menschen, der uns dann jedoch irgendwann vernachlässigt oder verlässt, dann keimen unter der Oberfläche der neuen Gedanken immer noch alte destruktive Glaubenssätze, nach denen unser Bewusstsein unsere Realität manifestiert. Es existiert kein Schalter, mit dem wir das Bewusstsein an- oder ausschalten können. Aus diesem Grund wirkt auch das Gesetz der Anziehung immer, unabhängig davon, ob wir es wollen oder nicht.

Wenn unser Wunsch nicht Wirklichkeit wird, existieren neben einem möglichen Widerspruch zu den Gesetzen der kollektiven Wirklichkeit nur noch zwei erdenkliche Ursachen. Entweder haben wir unsere positiven Gedanken nicht ausreichend mit der Energie positiver Gefühle aufgeladen, sodass unsere Schwingungsintensität zu niedrig bleibt. Oder unser Bewusstsein wird weiterhin von unterbewussten negativen Gedanken und Gefühlen geleitet, welche die positive Schwingung auslöschen. Dieser Kontrast zwischen unseren bewussten positiven Wünschen und unseren meist unterbewussten negativen Glaubenssätzen bildet den unangefochtenen Hauptgrund, warum so viele Menschen ein Leben gegen ihren Willen führen und immer wieder daran scheitern, ihren Träumen zu folgen. Die Schwingung ihres Willens trifft auf die konträre Schwingung ihres Glaubens und bildet eine **destruktive Interferenz**. Der Begriff der destruktiven Interferenz wird in der Physik benutzt, um zwei verschiedene Wellen zu beschreiben, die sich ungleich überlagern, sodass sie sich abschwächen und auslöschen können. Wenn die Schwingung unseres Wunsches zu schwach ist, kann sie sich nicht mit der Schwingung einer Möglichkeit überlagern. Demzufolge findet auch keine sichtbare Manifestation statt. Um die destruktiven Interferenzen in unserem Bewusstsein umzukehren, sodass die Schwingungen unseres Wunsches mit den Schwingungen unserer Glaubenssätze übereinstimmen, müssen wir uns in die Quelle unserer Glaubenssätze begeben.

Die Steuerung unserer Glaubenssätze

Die Umkehrung einer Lebenssituation erfordert eine Umkehrung unserer im Verborgenen wirkenden Glaubenssätze. Der Wechsel von negativen zu positiven Glaubenssätzen ist so schwierig, weil sie uns meist nicht bewusst sind. Glaubenssätze entstehen, wachsen und wirken in unserem **Unterbewusstsein.** Sie operieren ungeachtet unserer Aufmerksamkeit. Erst ihre verheerenden Auswirkungen in der Gestalt von Erkrankungen, finanziellen Problemen, Ablehnung im Außen oder Krisen wie dem Zusammenbruch einer Beziehung nehmen wir bewusst wahr.

Jeder Glaubenssatz bildet ein hochenergetisches Programm, das uns in den Grenzen seiner Codierung festhält. Um eine neue Wirklichkeit zu gestalten, müssen wir uns in unser Unterbewusstsein begeben. Bereits Sigmund Freud, einer der bekanntesten Tiefenpsychologen der Menschheitsgeschichte, schätzte mit seinem berühmten Eisberg-Modell, dass unser Wachbewusstsein mit etwa 20% nur die Spitze unseres Bewusstseins ausmacht, während unser Unterbewusstsein unterhalb unserer Oberfläche über 80% einnimmt. Heutige Forschungen deuten darauf hin, dass über 99% unserer Realität von unserem Unterbewusstsein verarbeitet werden. Dieses ungleiche Verhältnis hat allerdings einen Sinn. Während Freud das Unterbewusstsein noch eher als negative Kraft betrachtete, wissen wir heute, dass es einen Großteil unserer kognitiven Fähigkeiten ausmacht und Unvorstellbares leistet. Auch während der einfachsten Aktivitäten wie Sitzen oder Liegen werden wir pro Sekunde mit etwa elf Millionen Sinneseindrücken konfrontiert. Ein einziger Moment ist mit einer Unendlichkeit an energetischen Informationen angereichert. Die bewusste Verarbeitung jedes einzelnen Eindrucks würde unser Gehirn in die Knie zwingen. Deswegen besitzt unser Unterbewusstsein eine Filterfunktion und gewährt den Zugang zu unserem Wachbewusstsein ausschließlich jenen Eindrücken, die es nach der Vorlage unserer Glaubenssätze als relevant einstuft.

Neben weiteren Funktionen wie der Speicherung von Erinnerungen dient unser Unterbewusstsein vor allem dazu, unseren Alltag zu meistern. Betrachten wir einen gewöhnlichen Tag, erkennen wir, dass er in der Regel einer Routine entspricht, die vorwiegend von unserem Unterbewusstsein dirigiert wird. Der Durchschnittsbürger steht frühmorgens auf. Nachdem er sich für die Bewältigung seines Alltags vorbereitet hat, begibt er sich zu seinem Arbeitsplatz, um dort etwa acht Stunden zu arbeiten. Wenn er von der Arbeit zurückkehrt, isst er etwas und sieht fern. Schließlich schläft er ein, bis der Kreislauf am nächsten Morgen erneut beginnt. Auch Arbeitssuchende, Selbstständige, Hausfrauen oder Rentner bewegen sich meistens in dem unterbewussten Rad ihres Alltags. Dieser ungeprüfte Automatismus kann uns in unserer Vergangenheit festhalten. Gestern wird zu heute und heute wird zu morgen. Doch er hat auch den Vorteil, dass wir unsere Aufgaben so mit weniger Energie und höherer Leistung verrichten können. Jene Tätigkeiten, die uns nicht mehr anstrengen, wie einfache Mathematik, Lesen, Schreiben oder auch das Autofahren, haben uns am Anfang vor riesige Herausforderungen gestellt. Der Lernprozess fordert eine ständige Reflektion durch unser Wachbewusstsein. Der Beobachter in uns muss andauernd prüfen, ob unsere Schritte richtig waren und wohin wir als nächstes gehen müssen. Diese Prüfung erfordert unsere gesamte Aufmerksamkeit und kostet uns deswegen Unmengen an Energie. Erst durch eine stetige Wiederholung werden die komplexen Mechanismen immer simpler, bis sie schließlich unser erschöpftes Wachbewusstsein verlassen und von unserem Unterbewusstsein übernommen werden. Auch die routinemäßigen Aufgaben auf unserer Arbeit haben uns anfangs vor unlösbare Herausforderungen gestellt. Heute erfordern sie nur noch wenig Aufmerksamkeit von uns. So verhilft uns das Unterbewusstsein dazu, unsere Energie zu sparen, während unsere Leistung ansteigt. Aus diesem Grund nimmt es einen Großteil unseres Bewusstseins ein und zeichnet nach der Vorlage unserer Glaubenssätze unser gesamtes Leben. Mit der Hilfe unserer Glaubenssätze steuert es, was wir wahrnehmen, wie wir es wahrnehmen, was wir denken, was wir fühlen und wie wir uns wann verhalten. Mit einem psychologischen Grundverständnis erkennen wir, dass dieser Einfluss unseres Unterbewusstseins bereits ausreicht, um unser gesamtes Leben zu bestimmen. Addieren wir zu der psychologischen Wirkung noch eine mögliche Übertragbarkeit der Quanteneffekte hinzu, gewinnen wir die tiefgreifende Erkenntnis, dass unsere gesamte Realität restlos von unserem eigenen Unterbewusstsein im Zusammenspiel mit dem kollektiven (Unter-)Bewusstsein erschaffen wird.

Nur selten können wir die Präsenz unseres Unterbewusstseins auch wachbewusst wahrnehmen. Wenn wir eine Entscheidung treffen, deren Grundlage wir nicht erklären können, sprechen wir häufig von „**Intuition**". Intuition ist nichts anderes, als eine leistungsstarke Verarbeitung von Informationen, die in einem Sekundenbruchteil von unserem Unterbewusstsein durchgeführt wird. Durch die Qualität und Quantität ihrer Informationsverarbeitung wird die Intuition deswegen auch als die höchste Form der menschlichen Intelligenz angesehen.

„Der intuitive Verstand ist ein heiliges Geschenk und der rationale Verstand ist ein treuer Diener. Wir haben eine Gesellschaft geschaffen, die den Diener ehrt und das Geschenk vergessen hat." [11]

- Albert Einstein

Die unermessliche Kraft unseres Seins verbirgt sich in unserem Unterbewusstsein. Wer sein Leben nachhaltig verändern will, muss durch die Türe seines Unterbewusstseins schreiten. Jeder besitzt dieses „heilige Geschenk" und seine Auswirkungen sind höher, als wir es uns vorstellen können. Das Unterbewusstsein ist wie eine unerschöpfliche Quelle höchster Energie, deren Wasser aus unseren Glaubenssätzen besteht. Dieses Wasser kann die Samen unserer Wünsche ertränken oder ihnen zu unendlichem Wachstum verhelfen. Wenn wir den Zugang zu unserer Quelle finden und sie mit hochschwingenden Glaubenssätzen füllen, dann fließt der Strom unserer Energie in die Richtung unserer Träume und wir erschaffen noch zu Lebzeiten unser eigenes Paradies auf Erden.

Die Entstehung unserer Glaubenssätze

Die meisten Glaubenssätze stammen aus unserer Kindheit. Als Kind sind wir besonders feinfühlig. Unsere Innenwelt reagiert sehr empfindlich auf unsere Außenwelt, weil unsere Wahrnehmung weit geöffnet ist. Da der Speicher unserer Erinnerungen noch leer ist, nehmen die Ereignisse in unserer Kindheit viel Raum ein und wiegen schwer. Auch unsere Lerngeschwindigkeit ist in jungen Jahren am höchsten. Wenige Wiederholungen eines Gedankens oder ein einziges starkes Gefühl reichen aus, um einen unterbewussten Glaubenssatz zu formen, den wir bis in unser Erwachsenenalter nur selten wieder verlieren.

Aus einem Kind, das von seinen Eltern nur geliebt wird, wenn es ihren Erwartungen entspricht, kann ein Erwachsener werden, der stets verbissen versucht, alle Erwartungen zu erfüllen. Aus einem Kind, das nur für Leistungen gelobt wird, kann ein Workaholic werden, der mit seiner beruflichen Karriere versucht, seine mangelnde Liebe durch Anerkennung auszugleichen. Und aus einem Kind, das kaum Liebe erfährt, kann ein Erwachsener werden, der extreme Schwierigkeiten hat, Liebe anzunehmen und zu geben.

Auch Kindheiten, die oberflächlich wie ein Bilderbuch erscheinen, können unbewusste tiefe Narben hinterlassen. Deswegen verdrängen wir zu unserem eigenen Schutz einen Großteil unserer Kindheitserinnerungen. Als Kinder waren wir offene Wesen purer Liebe, die sich nach nichts als Liebe sehnten. Doch häufig werden Kinder einem unbewussten Mangel an Liebe ausgesetzt, da Eltern und Erwachsene ihre Liebe mit dem zunehmenden Alter der Kinder an die Erfüllung ihrer Erwartungen knüpfen. Unsere Liebenswürdigkeit an erfüllten Bedingungen zu bemessen, ist jedoch eine schmerzhafte Illusion, die unsere unantastbare Vollkommenheit verschleiert. Allerdings besitzen wir in jungen Jahren noch keine Vergleichsdaten, um abzuwägen, was richtig und was falsch ist. Wir sind auf die Informationen der Erwachsenen angewiesen. Dadurch können negative Überzeugungen ungeprüft in uns eindringen und sich tief in unserem

Unterbewusstsein einnisten. Die ersten Jahre unseres Lebens wirken daher wie eine Hypnose auf uns. Unser Wachbewusstsein ist mit unserem Unterbewusstsein synchronisiert und so weit geöffnet, dass alle Eindrücke ungefiltert in uns einströmen. Bis sich unser Wach- und Unterbewusstsein mit dem Heranwachsen voneinander trennen und sich unser Wachbewusstsein schließlich immer weiter verschließt. Deswegen prägen die Ereignisse unserer Kindheit unser Erwachsenenleben so stark, ohne dass das Licht unseres (Wach-)Bewusstseins jemals die wahre Ursache unserer Entscheidungen erhellt. Falls wir es nicht mehr schaffen, die Schwingungen in unserem Unterbewusstsein zu verändern, bestimmt unsere Kindheit unser gesamtes Leben.

Um unser Unterbewusstsein von unseren limitierenden Glaubenssätzen zu befreien und mit konstruktiven Glaubenssätzen zu bereichern, müssen wir keinen Kampf mit den Schatten unserer Kindheit aufnehmen. Zwei konträre Glaubenssätze sind **dualistisch** (lat. „dualis" = zwei enthaltend). Das bedeutet, sie sind unvereinbar. Gegenteilige Glaubenssätze können nicht zur gleichen Zeit im gleichen Menschen wirken. Wir können uns nicht als wertlos erachten, während wir fest davon überzeugt sind, wertvoll zu sein. Integrieren wir also einen positiven Glaubenssatz, der energetisch die Realität anzieht, die wir uns wünschen, löschen wir dadurch auch den gegenteiligen negativen Glaubenssatz, sofern er in unserem Unterbewusstsein gewütet hat. Hierfür müssen wir weder identifizieren, welche genauen Glaubenssätze wann gegen uns arbeiten, noch müssen wir herausfinden, wann oder wodurch sie entstanden sind. Das Wissen um ihre Präsenz und ihre möglichen Auswirkungen genügt.
Wenn ein negativer Glaubenssatz aktiv wird, reagiert er auf einen Reiz aus der Außenwelt und entwickelt ein negatives Gefühl. Gefühle dienen uns als reflektierender Hinweis, in welcher Schwingung wir uns befinden. Deswegen sind negative Gefühle immer ein Indikator für einen destruktiven Glauben, der gerade gegen uns wirkt. Wenn wir Achtsamkeit für unsere Gefühle entwickeln und bemerken, dass ein negatives Gefühl in uns aufkeimt, dann können wir uns durch geeignete Methoden als

Beobachter von dem äußeren Reiz distanzieren, innerlich unser negatives Gefühl auflösen und stattdessen einen positiven Glaubenssatz bestärken. Wiederholen wir diesen Vorgang, wird der destruktive Glaubenssatz schrittweise schwächer, während der konstruktive Glaubenssatz stärker wird, bis der neue Glaube den alten Glauben vollständig ersetzt hat. Fortan sendet unser Bewusstsein eine neue Schwingung aus, die sich mit kohärenten Schwingungen überlagert und so die Wirklichkeit manifestiert, die wir uns wünschen.

Die Transformation unserer Glaubenssätze

Um unsere Glaubenssätze zu transformieren und neue Möglichkeiten in unserem Leben anzuziehen, folgen wir der **Trinität** des Glaubens, welche sich aus dem Willen, den Gedanken und den Gefühlen zusammensetzt. Die Trinität (vom lat.: „trinitias", dt.: Dreiheit) beschreibt drei Teile, die alle eine schöpferische Wirkung besitzen und gemeinsam ein maximales schöpferisches Potenzial bilden. In der christlichen Theologie wird die Trinität als „Vater", „Sohn" und dem „heiligen Geist" beschrieben. Obwohl sich die drei Instanzen unterscheiden, fügen sie sich zu einer harmonischen Einheit zusammen. Jeder Teil trägt eine eigene Rolle und doch dienen sie in ihrer Verbundenheit dem Gleichen. Auch in anderen Religionen findet man die Dreifaltigkeit. So beten Hinduisten zu Brahma, Vishnu und Shiva und auch im alten Ägypten bildeten Osiris, Isis und Horus eine göttliche Dreiheit.

Übertragen wir die christliche Trinität als Gleichnis für die Dreifaltigkeit unseres Bewusstseins, so wäre unser Glaube als unser höchstes schöpferisches Potenzial „göttlich". Der Vater wäre der Wille, mit dem alles beginnt und aus dem alles entsteht. Der Sohn Jesus könnte als Gedanke metaphorisiert werden. Der Gedanke geht aus dem Willen hervor, offenbart seine Gestalt und handelt gewissermaßen in seinem Namen. Der heilige Geist wäre folglich das Gefühl. Er macht den Sohn lebendig, so wie das Gefühl den Gedanken vitalisiert und ihm seine Energie verleiht. Zusammen bilden diese drei Komponenten den Glauben, der die höchste geistige Schöpferkraft besitzt. Diese Trinität aus Wille, Gedanke und Gefühl formt den Schlüssel zur Veränderung unserer Schwingung. Sie ist das Programm, mit dem wir unser Leben dekodieren und umschreiben können. Verändern wir das Programm, verändern wir alles.

Den Anfang eines neuen Glaubens bildet immer ein Wille. Er ist der erste Schritt zur Veränderung. Veränderung ist Energie.

Energie ist Bewegung. Wir müssen uns aus unserer alten Realität erheben und beginnen, uns nach vorne zu bewegen. Wer immer weiter in die Richtung seines Ziels läuft, wird auch an seinem Ziel ankommen.

„Bittet, und ihr werdet erhalten. Sucht, und ihr werdet finden. Klopft an, und die Tür wird euch geöffnet werden. Denn wer bittet, wird erhalten. Wer sucht, wird finden. Und die Tür wird jedem geöffnet, der anklopft."

- Lukas 11,9-10

Der Wille ist die notwendigste Voraussetzung für einen neuen Glauben. Doch obwohl ein erfülltes Leben das Grundbedürfnis eines jeden Menschen ist, scheitern die meisten Veränderungen bereits an dem ersten Schritt, weil sich viele Menschen heutzutage nicht bewusst sind, was sie wollen. Du hingegen liest dieses Buch, deswegen bist du den ersten Schritt bereits gegangen. Es folgt der zweite Schritt. Ein Wille ist zunächst ein einfacher Gedanke mit einer schwachen Schwingung. Um den Wunsch wahr werden zu lassen, benötigen wir mehr Gedanken, die dem Willen entsprechen. Wenn wir unsere Gedanken auf unseren Willen ausrichten, heben wir unsere Schwingungsfrequenz weiter an. Je höher die Frequenz unserer Schwingung ist, desto höher sind die Möglichkeiten, die wir in unsere Realität ziehen können. Als Letztes folgt die Intensivierung unserer Schwingung durch unsere Gefühle. Eine hohe Schwingung erfordert eine hohe Schwingungsintensität. Gefühle wie Dankbarkeit, Freude, Vertrauen und Liebe sind hohe Energien, welche unserer Schwingung eine hohe Intensität verleihen.
Stimmen Wille, Gedanken und Gefühle überein, bilden sie eine harmonische Trinität mit einem hohen schöpferischen Potenzial. Je öfter wir sie wiederholen, desto stärker werden sie. Bis sie schließlich zu unserem neuen Glauben werden. Der neue Glaube verleiht unserem Bewusstsein eine neue Grundschwingung. Mit

dem neuen Glauben passt sich auch unser äußeres Verhalten unserer inneren Überzeugung an und dient als energetisch-informativer Katalysator. Dadurch wird unsere Grundschwingung weiter verstärkt. Bis sie sich schließlich mit einer entsprechenden Schwingung aus dem Feld der unendlichen Möglichkeiten überlagert. So wird der Wunsch zur Wirklichkeit.

„Euch geschehe nach eurem Glauben."

- Matthäus 9, 29

Die zwei Phasen der energetischen Metamorphose

Mit dem Beginn der Wissenschaft wurde dem Menschen vor langer Zeit der Status als Krönung der Schöpfung entzogen. Doch in der Wissenschaft hat ein neues Zeitalter begonnen und heute haben wir zuletzt auch durch die moderne Forschung unsere Krone zurückerhalten. Die neue Physik stützt, woran die Spiritualität stets erinnerte - mit unserem Bewusstsein tragen wir einen schöpferischen Wesenskern in uns.

Die Trennung von Wissenschaft, Religion und Spiritualität ist illusionär und hatte verheerende Folgen in der Menschheitsgeschichte. Wenn wir stattdessen alle Anschauungen miteinander vereinen, lassen sich unverkennbare Übereinstimmungen finden. Die Lösung jedes Problems liegt in der Verbindung. Während die Wissenschaft ein Ausdruck unserer rationalen Intelligenz ist, beschreibt die Spiritualität unsere intuitive Intelligenz. Und so wie jeder Mensch rational ist, so ist auch jeder Mensch spirituell. Entscheidend ist nur, ob wir diese Intelligenz weiterentwickeln oder nicht. Wenn wir sie fördern, dann verlassen wir unsere materiellen Grenzen und erleben das wahre schöpferische Potenzial in uns. Diese Erkenntnis befreit uns von den Fesseln unserer passiven Lebenshaltung, die uns nur einen eingeschränkten Einfluss auf unsere Realität suggeriert. Wenn wir das Wissen um die Macht unseres Bewusstseins mit einer praktischen Anwendung kombinieren, dann erhalten wir nahezu magische Kräfte, die man in alten Geschichten nur mystischen Wesen zusprach. Die heutige Physik hat diese Kräfte entmystifiziert und sie damit auch für den rationalisierten Verstand der breiten Gesellschaft zugänglich gemacht. Erkennen wir unsere innere Kraft und lernen sie zu lenken, dann erhalten wir die „Superkräfte", um unseren Willen wahr werden zu lassen.

Die energetische Metamorphose ist ein ganzheitliches System zur Bewusstseinsöffnung und -erweiterung. Sie offenbart ihrem

Anwender seine wahre Macht und lehrt ihn, diese zu nutzen, um energetische Blockaden zu lösen und seine Energie stattdessen auf seine Wünsche auszurichten. Hierzu bietet sie zwei wirkungsvolle Methoden, um unsere negativen Schwingungen auszugleichen und unsere Grundschwingung zu erhöhen, bis wir die Transformation unserer Wirklichkeit erreichen.

Diese Methoden sind so effektiv, weil sie an der Quelle unserer Realität ansetzen - unserem Unterbewusstsein. Statt nur Symptome zu bekämpfen, transformiert die energetische Metamorphose die Ursachen für all unsere Barrieren, um unseren Wünschen den Weg in unser Leben freizulegen. Dazu kombiniert das Modell die Erkenntnisse der Wissenschaft mit dem transzendenten Wissen spiritueller Lehren und leitet daraus zwei hocheffiziente Praktiken ab. Durch die Zwei-Phasen-Einteilung ist es für jeden Menschen geeignet und kann den individuellen Lebensumständen angepasst werden. Die Durchführung beider Phasen resultiert in einer energetischen Metamorphose. Wir werden von einer Larve, die sich mit ihrem verkrümmten Rücken durch die endlosen Tiefen ihres erdenschweren Daseins schleppt, zu einem Schmetterling, der mit seinen breiten Flügeln über paradiesische Höhen fliegt.

Phase 1

Bewusstseinsöffnung durch die 5-Finger-Methode

Die erste Phase spielt auf der Bühne, auf der über 99% unseres Lebens stattfindet - im Alltag. Jeder Mensch weiß aus eigener Erfahrung, wie schwierig es sein kann, eine theoretische Erkenntnis in den praktischen Alltag zu integrieren. Wir lesen einen erhellenden Selbstliebe-Ratgeber, besuchen ein lehrreiches Seminar oder erhalten eine transformative Behandlung, um in die Selbstliebe zu kommen. Während des aktiven Prozesses löst sich unsere Schwere und es entsteht die Hoffnung, dass endlich ein neues Kapitel in unserem Leben beginnt. Die ersten Tage spüren wir noch eine Leichtigkeit und schätzen uns und unser Leben mehr wert als zuvor, doch dann zwängen uns die ersten Ängste, Zweifel und Herausforderungen wieder in das enge Korsett unserer alten Realität. Dieser Rückfall ist ein eindeutiger Hinweis, dass die neuen Erkenntnisse nie die Oberfläche unseres Wachbewusstseins verlassen haben, um in die Tiefen unseres Unterbewusstseins zu transzendieren.

Neues Wissen allgegenwärtig anzuwenden ist so schwierig, weil wir im Alltag vorwiegend reagieren müssen. Reaktionen erfordern eine schnelle Informationsverarbeitung, um einem Reiz unmittelbar mit einer geeigneten Reaktion entgegentreten zu können. Diese Leistung kann nur unser Unterbewusstsein erbringen, deswegen dominiert es unser Alltagsleben. Unser Unterbewusstsein handelt allerdings nicht nach unserem Willen, sondern nach unseren unterbewussten Glaubenssätzen, welche aus unserer ungeprüften Vergangenheit stammen und deswegen häufig unserem gegenwärtigen Willen widersprechen. Dadurch entstehen nicht nur destruktive Verhaltensmuster, sondern auch Gedanken- und Gefühlsmuster, die unsere Schwingung auf einer niedrigen Ebene festhalten und so jegliche konstruktive Veränderung unserer Realität verhindern. Solange wir uns (unter-)bewusst selbst noch Vorwürfe machen, werden wir auch auf der Arbeit und in unseren Beziehungen immer wieder auf Vorwürfe treffen. Und wenn wir uns nicht wahrhaftig selbst lieben, wird uns auch niemals ein anderer wahrhaftig lieben.

Wie bewusst wir auch werden, unser Alltag wird immer von unserem Unterbewusstsein bestritten werden. Wenn wir Abgeschiedenheit, einen anderen Menschen oder ein störungsfreies Umfeld benötigen, um ein neues Ich zu leben, dann ist uns nicht geholfen. Nur wer es schafft, sein theoretisches Wissen auch während der Herausforderungen seines Alltags praktisch auszuleben, kann seine Wünsche wahr werden lassen.

Um unsere Schwingung anheben zu können, müssen wir zunächst unser Bewusstsein für eine Wirklichkeit öffnen. Die meisten Menschen fühlen sich in ihrer Realität verhaftet und sind unfähig, diese zu verändern, weil ihre negativen Glaubenssätze sie in ihrer alten Realität festhalten. Diese Glaubenssätze sind wie Barrieren, die sich vor den engen Zugang unseres Unterbewusstseins legen, um eine Integration positiver Glaubenssätze zu verhindern, da dadurch sonst die negativen Glaubenssätze gelöscht werden würden. In Phase 1 führen wir daher eine Glaubensbereinigung durch, um all unsere Blockaden aufzulösen. Nicht nur theoretisch, im künstlichen Schutz der Abgeschiedenheit während eines Trainings oder einer Therapie, sondern an jenem Ort und zu jener Zeit, in der unsere Glaubenssätze auch tatsächlich wirken - im Alltag. So öffnen wir den Zugang in unser tieferes Bewusstsein und können neue Glaubenssätze installieren, die eine neue Wirklichkeit erschaffen. Phase 1 ist somit eine vollständige Formatierung unserer geistigen Festplatte, um alle blockierenden Dateien zu löschen und sie für dienliche Programme zu ersetzen. So programmieren wir ein vollkommen neues Softwaresystem, das den gesamten Tag aktiv bleibt und uns mit jedem Durchlauf weiter von unserem alten Glauben entfernt und näher zu unseren Wünschen führt.

Um unser Bewusstsein im Alltag für eine neue Realität zu öffnen, habe ich die **5-Finger-Methode** entwickelt. Sie ist eine selbstermächtigende Technik zur Schulung des Geistes, mit der wir negative Gedanken, Gefühle oder Handlungen allzeit eigenständig reflektieren und ohne innere Widerstände augenblicklich positiv umkehren können.
Sobald wir während unseres Alltags plötzlich einem kritischen Reiz begegnen und ein negativer Glaubenssatz zu wirken beginnt, der uns in ein ungewolltes Reaktionsmuster zwängen will, entkräften wir seine Wirkung und ersetzen ihn durch einen positiven Glaubenssatz. Mit dieser Methode können wir einen Abfall unserer Schwingung auch im Alltag sofort identifizieren. Danach stoppen wir die Senkung, gleichen unsere negative Schwingung zunächst positiv aus und heben sie schlussendlich

weiter an. Wenn wir nicht mehr die Schwingung aussenden, die unsere Probleme erschafft und sie stattdessen für die Schwingung unserer Wünsche ersetzen, werden unsere Probleme vergehen und an ihrer Stelle Lösungen in unser Leben treten. Da die gesamte Durchführung der 5-Finger-Methode nur wenige Augenblicke dauert, erreichen wir so eine Transformation negativer Energien binnen Sekunden.

Auch psychologisch hat die Bewusstseinsöffnung einen wertvollen Effekt. Wir erlangen dadurch nicht nur die Fähigkeit, mit einer unvoreingenommenen Offenheit zu reagieren, sondern erreichen auch eine gedanklich und emotional uneingeschränkte Freiheit. Obwohl sich viele Menschen heutzutage in ihren Gedanken und besonders in ihren Emotionen gefangen fühlen, ist nur den Wenigsten bewusst, dass dieses innere Gefängnis der Grund ist, warum sie auch in ihrer äußeren Realität von wiederkehrenden Problemen verfolgt werden. Unsere bewusste Außenwelt bildet immer eine exakte Projektion unserer unterbewussten Innenwelt. Befreien wir uns von der Negativität in uns, dann befreien wir uns auch von dem Teufelskreis, der uns in die Grenzen unserer äußeren Realität sperrt.

Die 5-Finger-Methode benötigt keinerlei Hilfsmittel und kann von jedem Menschen, zu jeder Zeit und an jedem Ort durchgeführt werden. Weil sie auf der Basis der energetischen Lehre konzipiert wurde, ist sie eine hocheffektive Methode, um während unseres Alltags energetische Blockaden aufzulösen und positive Energien zu integrieren.

Phase 2

Bewusstseinserweiterung durch die Bewusstseinsreise

Phase 2 fokussiert eine Bewusstseinserweiterung. Nachdem Phase 1 vor allem dem positiven Ausgleich negativer Schwingungen dient, konzentrieren wir uns während der Bewusstseinserweiterung darauf, unsere positive Grundschwingung weiter zu erhöhen. Dazu nutzen wir eine spezielle Meditationstechnik.

Die Meditation ist längst nicht mehr nur eine esoterische Praktik. Durch die wissenschaftlichen Beweise ihres transformativen Potenzials werden Meditationen mittlerweile sogar in psychosomatischen Therapien eingesetzt. Heute ist bekannt, dass sie eines der effektivsten Werkzeuge ist, um einen nachhaltigen Lebenswandel zu fördern und sein wahres Potenzial zu entfesseln. Verschiedene Meditationsformen, wie die „MBSR" (engl.: „Mindfulness-Based Stress Reduction", dt.: Achtsamkeitsbasierte Stressreduktion) des Molekularbiologen Jon Kabat-Zinn, werden von Millionen von Anwendern auf der ganzen Welt zur Stressbewältigung eingesetzt. Dabei werden unsere Gehirnwellen, die durch unseren stressüberladenen Alltag eine unnatürlich hohe Frequenz erreichen, wieder entschleunigt, sodass eine gesteigerte Kohärenz zwischen unseren Gehirnzentren entsteht. Dadurch werden nicht nur die psychischen Folgen von Stress reduziert, denn auch physische Krankheiten können zurückgehen. Somit bieten gezielte Meditationen eine ganzheitliche Heilung für Körper und Geist.

Allerdings dienen sie nicht nur dazu, zur Ruhe zu kommen und unseren Verstand von negativen Gedanken zu befreien. Meditationen sind auch sehr wirkungsvolle Bewusstseinsübungen für ein mentales Training, das uns nicht nur auf geistiger, sondern auch auf neurologischer Ebene verändert. Im meditativen Zustand schüttet unser Gehirn chemische Substanzen aus, welche die geistigen Barrieren unseres Wachbewusstseins schwächen, während sich unser Unterbewusstsein weit öffnet. Im Alltag können wir durch die Wiederholung eines gewünschten Musters nur einen schmalen Spalt zu unserem Unterbewusstsein freilegen, da unser Wachbewusstsein den Zutritt erschwert. Während einer intensiven Meditation erreichen wir hingegen einen tranceähnlichen Zustand, der uns den direkten Eingang in unser Unterbewusstsein ermöglicht und die Integration neuer Glaubenssätze vereinfacht.

Wenn wir meditieren, strukturieren wir unser Gehirn aktiv um. Das Gehirn ist die biologische Manifestation unseres energetischen Bewusstseins. Die Forschung unterscheidet zwischen verschiedenen Gehirnarealen, denen unterschiedliche Funktionen, wie das rationale Denken oder auch das intuitive Fühlen, zugeordnet werden. Diese Funktionen werden von den Neuronen gesteuert, den Nervenzellen unseres Gehirns. Wie auch unser Bewusstsein nutzen Neuronen ebenfalls Schwingungen, um durch elektrische Impulse energetische Informationen miteinander auszutauschen. Wenn wir etwas erlernen, wie beispielsweise einen neuen Glaubenssatz, schließen sich zahlreiche Neuronen durch Synapsen zusammen und bilden ein neuronales Netzwerk. Diese Netzwerke sind die biologischen Fingerabdrücke unserer vorprogrammierten Reaktionsmuster. Begegnen wir einem neuen Reiz, der einem vergangenen Reiz ähnelt, werden bestehende neuronale Netzwerke aktiviert, um die darin enthaltenen Informationen für die Verarbeitung des neuen Reizes zu nutzen. Auf der Basis unserer Vergangenheit wird also eine Entscheidung für die Zukunft getroffen, die unserer Vergangenheit entspricht und unsere Zukunft bestimmt. So führt zum Beispiel ein innerer Mangel zuerst zu äußeren Mängeln. Da der Widerstand gegen die äußeren Mängel nicht die inneren Mängel auflöst, werden innere und äußere Mängel immer stärker. Daraus entsteht eine Endlosschleife, in der die Mängel auf allen Ebenen unaufhörlich zunehmen. Die äußeren Ereignisse folgen dabei dem inneren Programm und dienen uns als Beweis für seine Richtigkeit. Auf diese Weise entstehen feste Reaktions- und Verhaltensmuster. Mit jeder wiederholten Aktivierung stärken wir das entsprechende Netzwerk, mit jeder ausbleibenden Wiederholung verlieren die Neuronen an Verbindungen und das Netzwerk zerfällt. Um uns von einem destruktiven Reaktionsmuster zu befreien, müssen seine neuronalen Verbindungen getrennt und durch neue Verknüpfungen ersetzt werden.

Diese Neuordnung leiten wir bereits durch die 5-Finger-Technik in Phase 1 ein. In Phase 2 stärken wir die neuen Neuronenverbindungen und bauen sie weiter aus. Mit einer veränderten Gehirnstruktur verändert sich auch die Grundschwingung unseres

Bewusstseins. So schaffen wir es durch eine gezielte Meditationstechnik sowohl unsere Schwingungsfrequenz als auch unsere Schwingungsintensität jenseits unseres stressigen Alltags immer weiter anzuheben. Je höher unsere Schwingung ist, desto fantastischer sind auch die Möglichkeiten, die sich in unserem Leben manifestieren werden. Diese Bewusstseinserweiterung können wir schon mit nur einer Meditation am Tag erreichen. Dabei dauert die speziell konzipierte Meditation der energetischen Metamorphose nur 15 Minuten. Bei regelmäßiger Ausübung erstrecken sich ihre Auswirkungen jedoch auf das gesamte Leben.

Phase 1 – Die Bewusstseinsöffnung

Schritt 1 – Die Achtsamkeit

Stelle dir vor, du besäßest die Kraft, die Zeit anzuhalten...

Hast du dir schon einmal die Frage gestellt, welch diktatorische Rolle die Zeit in deinem Leben einnimmt? Ohne dass wir es bewusst merken, bestimmt die Zeit unser gesamtes Leben. Im Alltag dient sie uns zur Orientierung, um all unseren Pflichten nachzukommen und ein Leben zu führen, das durch die Gesellschaft vorgegeben wird. Die Zeit entscheidet, wann wir aufstehen, wann wir zu Bett gehen, wann die Arbeit beginnt, wann sie endet und wann wir uns Zeit für uns nehmen dürfen. Damit hat sie buchstäblich einen entscheidenden Einfluss auf die Gestaltung unserer Realität. Viele Menschen fühlen sich heute der zeitlichen Diktatur unterworfen. Sie müssen zu viel Zeit auf ihrer Arbeit verbringen, während ihnen zu wenig Zeit für sich, ihre Familie und ihre Freunde bleibt. Das Paradoxon dieses Umstandes ist, dass wir Menschen uns von unserer eigenen Erfindung haben versklaven lassen und ihre Herrschaft nur durch unser Einverständnis anhält. Kein Mensch hat weder die Vergangenheit, noch die Zukunft jemals äußerlich wahrgenommen. Das ist unmöglich. Denn wenn wir die Realität als etwas definieren, das wir äußerlich wahrnehmen können, dann ist die Zeit irreal. Sie existiert nur in unserem menschlichen Verstand. Die Natur kennt die Zeit nicht. Das einzige, was in unserer äußeren Realität existiert, ist die Gegenwart. Was wir Vergangenheit nennen, sind Erinnerungen an eine vergangene Gegenwart. Oftmals sind das Erinnerungen an eine schwere Kindheit, eine schwierige Schulzeit oder tragische Erlebnisse. Wohingegen die Zukunft aus Vorstellungen von einer bevorstehenden Gegenwart besteht. Häufig aus den Ängsten, im Leben zu scheitern und unsere Gesundheit, unsere Arbeitsstelle, Freunde oder den Partner zu verlieren.

Eine unserer größten intellektuellen Herausforderungen besteht darin, Vergangenheit und Zukunft die Macht über uns zu entreißen und sie bewusst für uns einzusetzen, statt sie unbewusst gegen uns wirken zu lassen. Der Schlüssel hierfür liegt in der Erkenntnis, dass wir nicht die Vergangenheit, sondern nur unsere Zukunft verändern können. Wir können nicht verändern, dass eine vergangene Beziehung gescheitert ist, doch wir können jetzt beeinflussen, wie unsere gegenwärtige oder zukünftige Beziehung verlaufen wird. Dementsprechend besitzen wir immer zwei Möglichkeiten mit unserer Vergangenheit umzugehen. Entweder klammern wir uns an sie oder wir nutzen sie, um auf der Basis ihrer lehrreichen Erkenntnisse unsere Zukunft zu verändern. Und das Geheimnis, um unsere Zukunft zu verändern, liegt in der Gegenwart. Der gegenwärtige Moment ist die einzige Zeit, in der sich unser schöpferisches Potenzial entfalten kann. Wir können nicht rückgängig machen, dass wir aufgrund unserer mangelnden Selbstliebe verletzt wurden, doch wir können verhindern, dass wir wieder verletzt werden, indem wir gegenwärtig lernen, uns zu lieben. Deswegen beginnt jede Veränderung in und um uns damit, dass wir die Illusion der Zeit überwinden und zurück in die Gegenwart kehren, in der wir die Zeit gewissermaßen anhalten und unsere Zukunft aktiv gestalten können.

„Die beste Weise, sich um die Zukunft zu kümmern, besteht darin, sich sorgsam der Gegenwart zuzuwenden." [12]

- Thich Nhat Hanh, Buddhistischer Mönch

Um unsere Schwingung zu erhöhen, müssen wir zunächst den ständigen Abfall unserer Schwingung einstellen. Diese Schwingungsverluste entstehen dadurch, dass wir uns in der Illusion der Zeit verlieren und uns zwischen den Schmerzen der Vergangenheit und den Ängsten der Zukunft verlieren. Eine effektive Möglichkeit, um in die Gegenwart zurückzukehren, bietet die **Achtsamkeit**.

Die Achtsamkeit beschreibt den Prozess, seine Aufmerksamkeit einzig und alleine dem gegenwärtigen Moment hinzugeben.

Wenn wir achtsam sind, nehmen wir eine neutrale Haltung an, um einen Abstand zwischen uns, unseren Gedanken und unseren Gefühlen zu schaffen und sie dadurch beobachten zu können. Können wir unsere Gedanken und Gefühle beobachten, dann können wir auch die Veränderungen unserer Schwingung beobachten. Da unsere Energie mit allen Energien in unserem Umfeld jederzeit wechselwirkt, verändert sich unsere Schwingung ununterbrochen. Alle unserer durchschnittlich 60.000 täglichen Gedanken und Gefühle besitzen das Potenzial, unsere Schwingung zu beeinflussen. Da nicht unser Wachbewusstsein, sondern unser Unterbewusstsein unseren Alltag dominiert, sind wir uns nur selten unserer Gedanken und Gefühle bewusst. Um jedoch einen Ausgleich oder gar eine Erhöhung unserer Schwingung einzuleiten, müssen wir uns zunächst unserer gegenwärtigen Schwingung bewusst werden. Dazu dient uns unser Wachbewusstsein. Es ist unser innerer Beobachter, den wir unser Leben lang dazu ausgebildet haben, unsere Außenwelt zu beobachten. Jedoch eignet sich unser Wachbewusstsein ebenso, um unsere innere Welt zu beobachten und zu überprüfen. So bildet es das Messgerät, mit dem wir jederzeit unsere Schwingung ermitteln können.
Die Achtsamkeit ist nicht nur das Herzstück buddhistischer Praktiken, sondern auch der Mittelpunkt moderner Methoden der Psychotherapie. Aus therapeutischer Betrachtung befähigt sie den Anwender, seine Gedanken und Gefühle zum Zeitpunkt ihres Aufkommens zu erkennen, um sie dann zu verarbeiten. Aus energetisch-transformativer Sicht dient sie als effektivste Methode, mit der wir einen Schwingungsverlust identifizieren können, um diesem dann entgegenwirken.
Sobald wir achtsam sind, treten wir einen Schritt zurück von unserer Rolle als Spielfigur und nehmen die Position des Spielers ein, der sich als Spielfigur auf dem Spielfeld erkennt. Dieser geistige Rücktritt ermöglicht es uns, einen Raum zwischen einem Reiz und einer inner- und äußerlichen Reaktion zu schaffen, der für die aktive Transformation der eigenen Schwingung benötigt wird. Wenn wir uns hingegen vollständig von unserem Unterbewusstsein durch unseren Alltag leiten lassen, entsteht dieser

Raum nicht. Werden wir einem kritischen Reiz ausgesetzt, entwickeln wir normalerweise zuerst einen unterbewussten Gedanken. Ein Kollege lächelt uns aus der Ferne verschmitzt an und wir interpretieren sein Lachen als ein Auslachen aufgrund unseres Aussehens oder unseres Verhaltens. Aus diesem Gedanken entsteht ein Gefühl wie Scham. Danach beginnen sich Gedanken und Gefühle gegenseitig zu katalysieren. Besonders dann, wenn wir ein negatives Gefühl spüren, produzieren wir immer mehr Gedanken und Gefühle, bis wir uns in ihnen verlieren. *„Er lacht mich aus. Er findet mich hässlich. Er hat Recht. Ich bin wirklich hässlich. Ich kann nichts, nicht einmal gut aussehen. Ich bin nichts wert. Niemand wird mich jemals lieben."* So fällt unsere Schwingung immer weiter ab. Zuletzt drückt sich unsere negative Schwingung durch ein entsprechend destruktives Verhalten nach außen aus. Wir ziehen uns zurück und meiden den Kontakt zu anderen Menschen. Das ist der Verlauf eines Schwingungsverlustes, wie er in den unterschiedlichsten Formen tagtäglich unzählige Male unterbewusst auftritt. Ob auf der Arbeit, in der Interaktion mit anderen Menschen oder in der Stille mit uns selbst. Wir werden einem Reiz ausgesetzt und unser Unterbewusstsein reagiert aufgrund der unterbewussten Programmierung durch unsere Glaubenssätze unmittelbar, sodass sich unsere Schwingung und unsere Realität immer weiter in die Richtung unserer negativen Glaubenssätze bewegen oder uns in ihren Grenzen festhalten.

Achtsam zu sein bedeutet, sich während oder nach einem kritischen Reiz zurück aus dem reißenden Gedanken- und Gefühlsstrom an das urteilsfreie Ufer der Gegenwart zu retten. Wenn wir uns in Gedanken und Gefühlen verlieren, dann verlieren wir uns in der Vergangenheit oder Zukunft. Allerdings ist die Zeit eine illusionäre Fiktion unseres Verstandes, die nur in uns existiert. Außerhalb von uns existiert nur der ewig währende Moment, in dem keine innerlichen Schmerzen, Ängste und Grenzen existieren können, da diese die Zeit benötigen. Distanzieren wir uns von unseren reaktiven Gedanken und Gefühlen, die nichts weiter als eine Programmierung durch unsere Glaubenssätze sind, dann kehren wir in die Gegenwart zurück. Diese Rückkehr in die Gegenwart ist die Essenz der Achtsamkeit, weil wir nur mit einem Abstand von unserer Innenwelt unsere Gedanken und Gefühle beobachten können. Erst wenn wir nicht mehr unser innerer Kritiker sind und uns von ihm lösen, können wir ihn aus der Ferne beobachten und seine Urteile als falsch entlarven. Statt einer Illusion, erleben wir das wahre Hier und Jetzt. Eckhart Tolle, einer der bekanntesten spirituellen Lehrer der Neuzeit, hat seine gesamte Lehre auf dem Prinzip der Achtsamkeit erbaut und ihr den simplen Titel „The Power of Now" (wörtlich übersetzt: Die Kraft des Jetzt) verliehen.

Das Ziel der Achtsamkeit liegt in der Bewusstwerdung unserer Schwingung, um uns dann daran zu erinnern, dass wir unsere Schwingung jederzeit verändern können. Genauso schnell, wie unsere Schwingung durch einen Reiz sinken kann, können wir sie durch die weiteren Schritte der 5-Finger-Methode wieder anheben. Ermöglicht wird diese Anhebung, weil unsere Schwingung niemals wegen eines Reizes abfällt. Zwar besitzt jeder Reiz auch eine eigene Schwingung, doch diese Schwingung beeinflusst uns erst, wenn wir eine Resonanz zu ihr in uns tragen. Mit dieser Resonanz laden wir die Fremdenergie dazu ein, sich auf uns zu übertragen. Wenn wir also wahrhaftig von unserer Attraktivität überzeugt sind, dann können auch Beleidigungen oder mangelnde Komplimente nicht unsere Schönheit vor uns verbergen. Und wenn wir wahrhaftig daran glauben, dass wir intelligent seien, dann kann uns die gesamte Welt als Idioten abstempeln, trotzdem wird ein Fremdurteil niemals unsere innere Wahrheit verändern. Sind wir jedoch in unserem Innersten unterbewusst davon überzeugt, unattraktiv und idiotisch zu sein, dann wird uns jeder Reiz, der mit diesem Glauben in Verbindung steht, buchstäblich reizen und uns in unser altes destruktives Reaktionsschema drängen.
Eine Schwingungsresonanz entsteht folglich durch einen unterbewussten Glaubenssatz, der mit einem gleich schwingenden Reiz reagiert, wenn wir also zum Beispiel kritisiert werden, während wir uns innerlich selbst immer wieder kritisieren. Diese Reaktion spüren wir als Gedanken und Gefühle. Wenn unsere

Schwingung abfällt, ist also niemals ein fremder Reiz dafür verantwortlich, sondern unsere eigenen Gedanken und Gefühle, die aus einem niedrig schwingenden Glaubenssatz hervorgehen. Die befreiende Erkenntnis aus der Achtsamkeit besteht darin, dass wir unsere Gedanken und Gefühle frei wählen und jederzeit verändern können. Nicht unsere Arbeitskollegen, unser Vorgesetzter, unser Partner oder auch unser Körper bestimmen, ob wir und unser Leben liebenswert sind, sondern einzig und alleine wir selbst. Wir sind Bewusstsein, welches Gedanken und Gefühle produziert, doch wir sind nicht das Produkt. Oftmals „kleben" unsere Gedanken und Gefühle so dicht an uns, dass wir uns mit ihnen identifizieren. Wir beginnen zu glauben, wir seien das, was wir denken und fühlen. Wenn dann ein Reiz, wie ein neues Kilogramm auf der Waage, unsere Gedanken und Gefühle in Frage stellt, gefährdet dieser Reiz dem, was wir glauben zu sein. Wir glaubten, noch unter 80 Kilogramm zu wiegen, doch jetzt behauptet die Waage, unser Gewicht läge bei über 80 Kilogramm. Folglich bedroht dieser Reiz etwas, mit dem wir uns identifizieren. So missverstehen wir, dass er uns bedrohe. Da Selbsterhaltung ein natürliches Bedürfnis ist, fangen wir dann an, uns innerlich und äußerlich zu wehren. Wir verurteilen uns dazu, mehr Sport zu treiben, weniger zu essen und ständig unser Spiegelbild zu kontrollieren. Die Achtsamkeit lehrt uns, dass wir jedoch nicht unsere Gedanken und Gefühle sind. Dass wir nicht das Bild sind, das wir von uns haben. Und was wir nicht sind, können wir jederzeit verändern. Ersetzen wir unsere negativen Gedanken und Gefühle durch ihre positiven Gegensätze, dann kehren wir auch unsere Schwingung und mit ihr unsere Realität um.

Achtsamkeit kann innerlich wie äußerlich eingesetzt werden. Da wir sie jedoch nutzen, um unsere Schwingung zu erkennen, konzentrieren wir uns auf die Wahrnehmung unserer inneren Welt. In diesem Zusammenhang lehren die meisten Achtsamkeitsmethoden, seine Gedanken wie einen Film zu beobachten, während sie auf einer inneren Leinwand ablaufen. Allerdings birgt diese Methode zwei Schwierigkeiten. Einerseits können wir nicht gleichzeitig einen Gedanken laufen lassen und ihn beobachten. Mit dem Beginn der Beobachtung endet der Gedanke. Deswegen kann die Beobachtung nur rückwirkend durchgeführt werden. Andererseits stellt die Beobachtung der Gedanken vor allem Neulinge vor Herausforderungen, da unsere Gedanken gerade in jenen Situationen, in denen wir die Achtsamkeit am dringendsten benötigen, sehr hektisch sind. Wenn wir beispielsweise gerade etwas „Peinliches" getan haben und wir von allen um uns herum angestarrt werden, dann springen unsere Gedanken zwischen dem Wunsch im Boden zu versinken und einer möglichen Fluchtstrategie wild hin und her. Auch wenn wir verletzt werden, unzufrieden über unsere eigene Leistung sind oder einfach nur etwas „falsch" gemacht haben, überschlagen sich bereits unsere Gedanken. Je nach der Schwere unserer Verletztheit schießen sie wie ein unkontrollierbarer Gummiball in Lichtgeschwindigkeit von einem Punkt zum nächsten. Deswegen konzentrieren wir uns während der Achtsamkeitspraktik in Phase 1 nicht auf unsere Gedanken, sondern rückwirkend auf unsere Gefühle. Da Gedanken und Gefühle zusammen unsere Schwingung bilden, gestatten uns neben den Gedanken auch unsere Gefühle einen Einblick in unsere Schwingung. Im Gegensatz zu unseren Gedanken haben sie den Vorteil, dass sie nicht so wechselhaft sind und uns ihre bewusste Wahrnehmung leichter fällt. Deswegen eignen sie sich hervorragend als biochemische Reflektion unserer Schwingung.

Die Anwendung der 5-Finger-Methode beginnt, wenn du in deinem Alltag einem kritischen Reiz ausgesetzt wirst, der negative Gefühle in dir auslöst. Drücke mit dem Daumen und Zeigefinger deiner stärkeren Hand auf die Spitze des Daumens deiner schwächeren Hand, sodass du in deinem Daumen einen kleinen Druck spüren kannst. Während du den Druck spürst, werde dir deiner Gefühle und deiner Schwingung bewusst. In den folgenden Schritten drückst du schrittweise auf die benachbarten Finger, bis du mit Schritt 5 an deinem kleinen Finger angekommen bist. Am Anfang mag dir dieser Vorgang komisch vorkommen, doch du kannst den Druck auf deine Finger ungeachtet der Aufmerksamkeit anderer Menschen auch in öffentlichen Situationen unbemerkt ausführen. Nach einigen Wiederholungen wird dieser Prozess zu einem biologischen **Anker***. Im NLP (Neuro-Linguistisches Programmieren), einer Methode der Kognitionswissenschaften, um psychische Abläufe zu verändern, werden Anker als Grundtechnik benutzt. Sie sind meist physische Verhaltensmuster, wie in diesem Fall der Druck auf einen Finger, die nach ihrer Aktivierung eine automatisierte psychische Reaktion hervorrufen. Negative Beispiele wären der Blick in den Spiegel, der automatisch Unzufriedenheit hervorruft oder der Griff zu weichen Drogen wie Alkohol, Tabak oder auch zucker- und fettreicher Nahrung, als verzweifelter Versuch, um bei akutem Kummer seine innere Leere durch äußere Befriedigung zu füllen. Reiz-Reaktionsschemata können jedoch nicht nur destruktiv, sondern auch konstruktiv eingesetzt werden. Mit jedem Mal, bei dem du durch den Druck auf deinen Daumen achtsam für deine Schwingung wirst, programmierst du dein Bewusstsein darauf, achtsam zu werden, sobald du nur auf deinen Daumen drückst. Bis der Druck auf deinen Daumen die Achtsamkeit für deine Schwingung schließlich automatisch aktiviert und unterbewusst den Beginn der 5-Finger-Methode einleitet.*

Im ersten Schritt, während des Daumendrucks, musst du noch nicht aktiv mit deinen Gefühlen arbeiten. Versuche auch nicht, sie zu unterdrücken. Umfasse einfach deinen Daumen und reflektiere kurz, wie du dich fühlst. Dann benenne innerlich dein Gefühl. Sobald es nicht mehr im Verborgenen wirkt, nimmst du ihm bereits seine erste Kraft.

Bist du dir deinem Gefühl bewusst geworden, folgt der nächste Schritt.

Schritt 2 – Die Atmung

Stelle dir vor, du besäßest die Kraft, Räume auszudehnen...

Nach der Bewusstwerdung unserer sinkenden Schwingung müssen wir die Verbindung zwischen uns und dem negativen Gefühl vollständig trennen, um so den Fall unserer Schwingung endgültig zu stoppen. Hierzu dehnen wir den Raum weiter aus, den wir bereits durch die Achtsamkeit zwischen uns, unseren Gedanken und unseren Gefühlen geschaffen haben. Als Hilfsmittel dient uns dazu unsere **Atmung**.
Biologisch betrachtet ist der Atem eine Reinigung unseres Körpers. Bei der Einatmung nehmen wir Luft aus der Atmosphäre auf, um unsere Zellen mit Sauerstoff zu versorgen. Bei der Ausatmung geben wir das gebildete Kohlenstoffdioxid wieder an die Atmosphäre ab. Diesen Rhythmus können wir ebenfalls benutzen, um eine geistige Reinigung einzuleiten.

Wenn wir unseren Alltag bestreiten und bemerken, wie ein äußerer Reiz ein negatives Gefühl in uns auslöst, beginnen wir nach der Achtsamkeit für unser Gefühl, uns auf unsere Atmung zu konzentrieren. Wir atmen tief ein und aus. Gefühle haben nicht nur eine innere Wirkung. Unsere Innen- und Außenwelt sind immer miteinander gekoppelt, so auch unsere Gefühle mit verschiedenen Körpersymptomen. Vor allem durch negative Gefühle können Beschwerden wie eine unausgeglichene Atmung, Schwitzen, ein erhöhter Puls, Mundtrockenheit, Übelkeit oder eine Anspannung unserer Muskeln auftreten. Doch so wie innere Anspannung zu äußerer Anspannung führt, so resultiert äußere Entspannung auch in innerer Entspannung. Die Atmung ist eine unserer Körperfunktionen, die wir nicht nur mit Leichtigkeit bewusst wahrnehmen, sondern auch regulieren können. So trennt uns eine ruhige Atmung nicht nur von unserem negativen Gefühl, sondern vermindert auch bereits die Intensität der negativen Schwingung. Als Atemtechnik eignet sich besonders die Zwerchfell- bzw. Bauchatmung. Im Gegensatz zu der üblichen

Brustatmung ist sie nicht nur langsamer, sondern auch tiefer. Dadurch fördert sie eine körperliche und seelische Ruhe, welche auch für die folgenden Schritte der 5-Finger-Methode benötigt wird. Anfangs kann sich die Bauchatmung noch etwas unangenehm anfühlen, weil wir sie nach der Kindheit durch eine flache Brustatmung ersetzt haben. Nach nur wenigen Atemzügen gewöhnen wir uns dann jedoch an die tiefe Bauchatmung und bemerken, wie Körper und Geist immer weiter zur Ruhe kommen.

Nach der Regulation unserer Atmung beobachten wir sie. Während wir weiterhin tief ein- und ausatmen, konzentrieren wir uns auf die Luft, die durch unsere Nase strömt und unseren Bauch, der sich erhebt und senkt. Dadurch kehren wir nach der Achtsamkeit endgültig in das Hier und Jetzt zurück. Der Raum, den wir mit unserer Atmung schaffen, ist wie ein geistiges Refugium, das sich mit jedem Atemzug weiter ausdehnt, während sich unsere Beklemmung langsam löst und sich unsere Schwingung beruhigt.

Wenn dir in Schritt 1 deine abnehmende Schwingung bewusst geworden ist, wechsle den Druck von deinem Daumen auf deinen Zeigefinger. Beginne dann damit, tief durch deinen Bauch ein- und auszuatmen. Konzentriere dich auf die strömende Luft und die Bewegungen deines Bauches, während du weiter auf die Spitze deines Zeigefingers drückst. Du wirst merken, dass mit jedem Atemzug deine Gefühle langsam zur Ruhe kommen, sodass du dich nach wenigen Wiederholungen bereits deutlich besser fühlst, als unmittelbar nach dem Aufkommen des Reizes und deinem Gefühl.

Hast du dich von deinem Gefühl ausreichend gelöst und bist zur Ruhe gekommen, folgt der nächste Schritt.

Schritt 3 – Der Ausgleich

Stelle dir vor, du besäßest die Kraft, Schlechtes in Gutes zu verwandeln…

Nachdem wir uns unserer negativen Schwingung in Schritt 1 bewusst geworden sind und sie in Schritt 2 beruhigt haben, kehren wir unser Gefühl im dritten Schritt um und gleichen damit unsere Schwingung aus.

All unsere negativen Gefühlen entstehen dadurch, dass unsere Glaubenssätze die Umwelt in „entweder...oder" einteilen. An der unangefochtenen Spitze steht die gedankliche Klassifikation in „gut" **oder** „schlecht", in die unser Unterbewusstsein jede Energie einordnet, die mit uns wechselwirkt. Durch diese Denkweise entstehen **Dualitäten**, zwei Gegensätze, die sich unvereinbar gegenüberstehen. Energetisch erschaffen wir dadurch eine negative Schwingung, die sich negativ manifestieren wird und uns von einer positiven Schwingung und ihrer Manifestation trennt. Dualitäten sind allerdings nur Illusionen, erschaffen durch den menschlichen Zwang, alles zu bewerten. Die Bewertung ist unnatürlich, denn die Natur wertet nicht. Nur der Mensch teilt alles in „gut" oder „schlecht". Ein vermeintlich allgemeiner Fakt, basierend auf einem subjektiven Urteil. Folglich ist die Dualität nur eine irreale Täuschung, während ihre Auswirkungen jedoch sehr real sind. Wenn uns etwa ein Mensch beleidigt oder auch nur kritisiert, neigen wir dazu, seine Meinung oder gar ihn sofort als „schlecht" zu verurteilen. Dazu zählt nicht nur die Kritik eines anderen Menschen, sondern auch unsere eigene Kritik an uns selbst. All diese Schuldsprüche sind subjektive Urteile, basierend auf unseren erlernten Verhaltensmustern, gesteuert durch unsere unterbewusst wirkenden Glaubenssätze. Wenn wir einen „Fehler" an uns entdecken oder meinen, etwas „falsch" gemacht zu haben, dann sind das Wertungen, die nicht von der Natur gesprochen werden, sondern von unseren Glaubenssätzen. Allerdings sind weder wir, noch unsere Fehler und unser Verhalten immer so schlecht, wie wir sie werten. Unsere unterbewussten Glaubenssätze täuschen uns vor, sie seien immer richtig und beschrieben eine allgemeingültige Wahrheit. Das stimmt allerdings nicht, denn sie sehen etwas, das immer zwei Seiten hat, nur von einer Seite. Sie übertragen eine subjektive Erfahrung, die wir meist in der Kindheit erlebt haben, auf eine vollkommen neue Situation, in der sich fast alle Variablen von der einstigen Situation unterscheiden. Sie vergleichen sprichwörtlich „Äpfel mit Birnen", täuschen uns jedoch vor, sie bewerteten Gleiches anhand Gleichem. Deswegen besitzen die meisten unserer destruktiven Glaubenssätze in unserem heutigen Leben keine Gültigkeit mehr. Ihre vergangene „Wahrheit", die einst dazu diente, dass wir von unseren Eltern geliebt und in den Schutz der Gesellschaft integriert werden, ist heute nur noch ein illusionärer Irrtum, der uns in aller Regel mehr schadet, als schützt.

Im Gegensatz zu der Dualität herrscht in der Natur eine **Polarität**. Statt unvereinbarer Gegensätze beschreibt die Polarität zwei Pole, die untrennbar miteinander verbunden sind. Erst durch die Kälte kann es Wärme geben. Der Mensch besteht aus Mann und Frau. Der Tag endet mit der Nacht. Und die Nacht endet mit Beginn des Tages. Ohne links würde kein rechts existieren, ohne oben kein unten und ohne den Schatten, kein Licht. Auch Elementarteilchen, die Grundbausteine des Universums, besitzen Antiteilchen, welche abgesehen von ihrer entgegengesetzten Ladung identische Eigenschaften tragen. Vergleichen wir die Dualität mit der Polarität, wird deutlich, dass beide etwas Gleiches lediglich aus einer anderen Sichtweise beschreiben. Das bekannteste Beispiel ist das bis zur Hälfte gefüllte Wasserglas (=polare Perspektive), welches durch die Dualität als halb voll oder halb leer gesehen werden kann. Was wie ein scheinbarer Gegensatz wirkt, ist jenseits der dualistischen Bewertung des Menschen ein und dasselbe. Alle Gegensätze sind untrennbar miteinander verbunden und bilden gemeinsam eine harmonische Einheit. Alles „Gute" hat aus einer anderen Perspektive etwas „Schlechtes". Alles „Schlechte" ist ebenso „gut". Auch die Hermetik, eine philosophische Weisheitslehre aus der ägyptischen Mythologie, lehrt das universale Gesetz der Polarität. Demnach ist alles polar. Auch unsere „Fehler" und „Schwächen" besitzen eine positive Gegenseite, die bei genauerer Betrachtung meist mehr Wahrheit enthält, als ihr negativer Gegenpol. So verdanken wir beispielsweise unserer Verletzlichkeit auch unsere Empathie. Wer verletzlich ist, besitzt einen offenen Zugang zu seinen Gefühlen und kann sie erkennen. Erst diese Erkenntnis eröffnet überhaupt die Möglichkeit, sie zu regulieren. Diese Gefühle können verletzliche Menschen auch in anderen Menschen erkennen. Dadurch besitzen sie eine besonders hohe Empathiefähigkeit, die heutzutage auch als „emotionale Intelligenz" gedeutet wird und nicht weniger wichtig als unsere rationale Intelligenz ist. Andere typische „Fehler", die eher aufgrund von falschen Idealen entstehen, stellen die sogenannten Schönheitsmakel dar. Vor allem Frauen leiden unter den dualistischen Vorstellungen zu breiter Hüften, zu dicker Beine und einem unproportionalen Körper. Doch auch Männer können sich als zu „rund" oder unmuskulös empfinden, wenn sie ihren Körper mit einem unnatürlichen Schönheitsideal vergleichen. In Wahrheit sind es jedoch die „kurvigen" und einzigartigen Menschen, die nicht nur von Partnern, sondern mittlerweile auch von der Mode- und Werbeindustrie bevorzugt werden. „Schönheitsfehler" sind nur Fehler in einem unnatürlichen Vergleich. Abseits dessen sind sie zusammen mit unseren charakterlichen Eigenarten meist Besonderheiten, die uns als Menschen vollkommen machen.

Jeder Reiz, der ein negatives Gefühl ins uns auslöst, wurde von unseren unterbewussten Glaubenssätzen vorschnell als „negativ" bewertet. Das negative Gefühl verhaftet unsere Energie und trennt uns von unserer natürlichen positiven Energie. Doch jeder Reiz besitzt auch etwas Positives. Jede Schwäche ist auch eine Stärke. Fehler bergen Chancen. Jeder Schatten bietet Platz für Licht. Und alles, was ein negatives Gefühl in uns auslöst, kann auch ein positives Gefühl in uns auslösen. Hierfür müssen wir nur die Bedeutung polarisieren, die ein Reiz für uns besitzt. Wenn wir neben dem „Schlechten" auch das Gute sehen, gleichen wir unsere negative Schwingung aus. Statt in „entweder...oder", denken wir in „sowohl...als auch". Diesen Ausgleich erreichen wir, indem wir eine Dualität nicht voneinander trennen, sondern sie als Polarität miteinander verbinden. Das Wertvolle mit dem „Wertlosen", das Richtige mit dem „Falschen" und die Liebe mit dem „Lieblosen".

Durch den Ausgleich akzeptieren wir den gegenwärtigen Reiz. Wir legen unsere Widerstände ab und nehmen die anfangs negativ bewertete Energie an. So lernen wir, nicht nur unsere Schwächen, sondern unsere gesamte Realität so zu betrachten, wie sie wirklich ist. Dadurch schaffen wir es, sie anzunehmen. Wenn wir auf einen Widerstand treffen, flüchten wir nicht mehr in eine Vergangenheit, in der etwas besser war oder in eine Zukunft, in der etwas besser sein wird. Stattdessen kehren wir in unsere Gegenwart zurück, die nicht besser sein könnte.

Um diese Akzeptanz für etwas zu entwickeln, das wir unmittelbar vor unserer Reflektion noch nicht akzeptieren wollten, nutzen wir als antreibende Intention nicht das fremde, sondern das eigene Wohlergehen. Wenn wir zuvor noch wütend, traurig oder enttäuscht waren, kann es schwerfallen, unmittelbar danach den Umstand zu akzeptieren, der dieses Gefühl ausgelöst hat. Doch wir akzeptieren den kritischen Reiz, wie die verletzende Bemerkung eines anderen, nicht für andere, sondern für uns selbst. Die Akzeptanz dient dazu, uns von der negativen Energie zu befreien, um ihre negative Manifestation in unserer Zukunft zu verhindern. Der Freispruch der „Schuldigen", der dadurch entsteht, dass wir das Gute in ihrer Aktion finden, ist wie ein positiver Nebeneffekt.

Das bedeutet nicht, dass wir jedes Leid, das uns oder unserer Umwelt zugefügt wird, gutheißen müssen. Im Gegenteil. Die Annahme ist der effektivste Weg, um sowohl individuelles als auch kollektives Leid zu lösen. Indem wir die negative Energie annehmen und polarisieren, lösen wir sie in uns auf. Da unsere Energie mit allen Energien um uns herum wechselwirkt und wir somit auch einen Einfluss auf unsere gesamte Umwelt haben, wird sich unsere umgekehrte positive Energie auch auf unsere Umwelt übertragen. So leisten wir den höchstmöglichen Beitrag für inneren und äußeren Frieden, den wir nur leisten können.

Fällt es uns trotzdem noch schwer, etwas Gegebenes zu akzeptieren, dann können wir uns an das Kausalprinzip erinnern, um ein Verständnis zu entwickeln. Jede Wirkung ist ein Produkt seiner Ursachen. Es existiert niemals nur ein „Schuldiger", denn auch der „Schuldige" muss Energien ausgesetzt gewesen sein, die sich auf ihn übertragen haben. Das ist auch der Grund, warum unsere Eltern keine Schuld an unserer mangelnden Selbstliebe tragen. Auch sie haben uns nur nach ihrem eigenen Glauben erzogen, den sie ebenso in ihrer eigenen Kindheit erlernt haben.

Wenn wir andere verurteilen, verurteilen wir uns selbst mit der negativen Energie des Urteils, welches sich negativ in unserem Leben manifestieren wird. Akzeptanz, Vergebung und Annahme sind essentiell, um die blockierte Energie des Urteils freizusetzen und sie stattdessen für die Erfüllung unserer Wünsche einzusetzen. Wenn wir einen gegebenen Umstand in unserem Leben akzeptieren oder andere Menschen von ihrer „Schuld" befreien, dann sprechen wir uns selbst von der negativen Energie frei, sodass sie sich nicht mehr in unserem Leben manifestieren kann.

„Und richtet nicht, und ihr werdet nicht gerichtet werden, verurteilt nicht, und ihr werdet nicht verurteilt werden, sprecht frei, und ihr werdet freigesprochen werden!"

(Lukas 6,37)

Letztlich enden Akzeptanz und Vergebung immer mit der Erkenntnis, dass nichts und niemand existiert, gegen das es einen Widerstand aufzubauen oder den es schuldig zu sprechen bedarf. Ob die Erziehung unserer Eltern, die Kritik eines Arbeitskollegen oder auch unser eigener innerer Kritiker; alle handeln nur nach ihrem eigenen unterbewussten Glauben.

Durch den Ausgleich lösen wir unser negatives Gefühl endgültig auf. Es ist durch einen Widerstand gegen die Realität entstanden, der nur leben konnte, weil wir ihn mit unserer Energie genährt haben. Frieden entsteht niemals durch Krieg. Druck erzeugt immer Gegendruck. Die Akzeptanz der gegebenen Realität ist notwendig, um einem Widerstand unsere Energie zu entziehen, bis er sich schließlich auflöst. Mit ihm vergeht schlussendlich auch unser negatives Gefühl und weicht für positive Gefühle. Je mehr Gutes wir im „Schlechten" finden, desto besser gelingt es uns, durch unsere Annahme der Realität Gefühle von Dankbarkeit, Freude, Vertrauen und Liebe zu entwickeln und dadurch unsere Schwingung zu erhöhen.

Nach der Beruhigung deiner Schwingung in Schritt 2 wanderst du im dritten Schritt zum Mittelfinger. Während du mit dem Zeigefinger und Daumen deiner anderen Hand einen leichten Druck auf ihn ausübst und weiterhin tief ein- und ausatmest, suchst du nach all dem Guten im vermeintlich „Schlechten". Mit jeder Qualität, die du in einer Situation, einem Umstand oder einem Menschen findest, wirst du an innerer Leichtigkeit zunehmen, da sich die Blockade deiner negativen Energie löst und du sie in eine positive Energie umkehrst.

Hast du genügend Positives im „Negativen" gefunden und konntest die Situation dadurch annehmen, folgt der nächste Schritt.

Schritt 4 – Die Affirmation

Stelle dir vor, du besäßest die Kraft, deine Zukunft zu lenken...

In den ersten drei Schritten sind wir uns der Aktivität eines negativ wirkenden Glaubenssatzes bewusst geworden und haben ihn entkräftet. Im vierten Schritt induzieren wir einen neuen positiven Glaubenssatz.
Wenn wir geboren werden, sind wir in Bezug auf unsere Glaubenssätze ein unbeschriebenes Blatt. In unserem Bewusstsein existieren noch keinerlei Grenzen. Deswegen erkennen wir uns beispielsweise im Frühkindalter noch nicht in einem Spiegel, weil wir uns und unsere Umwelt als Einheit wahrnehmen. In diesem Bewusstseinszustand existiert noch nicht die Illusion der Trennung. Erst durch unsere Erziehung lernen wir, die Wirklichkeit zu teilen. Dadurch entstehen im Laufe unseres Lebens negative Glaubenssätze, wie die im Folgendem genannten Beispiele, die nicht nur uns, sondern auch unsere eigene Wirklichkeit stark eingrenzen.

Ich bin nicht richtig.
Ich bin hässlich.
Ich bin wertlos.
Ich habe Fehler.
Ich habe keine Kontrolle über mein Leben.
Ich habe Grenzen.
Ich will mehr.
Ich will besser sein, als die anderen.
Ich will ein anderes Leben.
Ich brauche das, was die Anderen haben.
Ich brauche mehr, als die Anderen haben.
Ich brauche ..., um glücklich zu sein.
Ich muss alle Erwartungen erfüllen.
Ich muss fleißiger sein.
Ich muss meine eigenen Bedürfnisse zurückstellen.

Ich darf keine Fehler machen.
Ich darf nicht Ich sein.
Ich darf mich nicht lieben.
Ich kann nicht alles erreichen, was ich mir wünsche.
Ich kann nicht lieben.
Ich kann nichts.
Alles arbeitet gegen mich.

So entwickeln sich die Programme, die unser Leben schreiben und unsere geistige Entfaltung hemmen. Diese Programme wirken ununterbrochen und ziehen gleichwertige Energien an, die unser Innerstes nach außen projizieren.
Deswegen ist es auch essentiell, dass wir den Reichtum, der in uns und unserem Leben immer herrschte und immer herrschen wird, erkennen und wertschätzen. Wenn wir überzeugt sind, mehr zu brauchen, sendet unser Bewusstsein das energetische Informationsmuster „Ich habe wenig." aus. Die einzige Wirklichkeit ist die Gegenwart, in der wir glauben, wenig zu haben und deswegen mehr zu brauchen. Diese Energie wird sich manifestieren und wir werden Umstände wie finanzielle Mängel oder die Trennung von einer geliebten Person förmlich anziehen. Genauso ist es, wenn wir annehmen, nicht richtig zu sein, nichts erreichen zu können oder besser sein zu müssen. In diesem Fall werden wir Möglichkeiten manifestieren, die unsere Fehler, unsere Grenzen und unsere Unzulänglichkeit unterstreichen. Aus diesem Grund ist es notwendig, die Eigenschaften und Umstände, die wir uns für unsere Zukunft wünschen, bereits in irgendeiner Form in unserer Gegenwart zu erkennen. Wir dürfen einen Wunsch wollen, doch wir dürfen ihn nicht brauchen. Wenn wir etwas brauchen, dann senden wir die Energie des Mangels aus, die sich in dieser Form manifestieren wird.

Wir und unser Leben werden das, was wir in unserem tiefsten Innersten von uns und unserem Leben glauben. Das bedeutet, dass wir auch die Mauern gepflastert haben, die uns von unseren Wünschen fernhalten. Diese Mauern können nur durch das

Verlernen alter Informationen eingerissen werden, bevor wir neue Informationen erlernen und uns dadurch wieder mit unseren Wünschen verbinden.
Um etwas zu verlernen, dürfen wir alte Informationen nicht mehr wiederholen. Die vorherigen Schritte haben die Informationen eines negativen Glaubenssatzes widerlegt. Mit jeder neuen Anwendung der 5-Finger-Methode wird er weiter entkräftet, bis er schließlich nicht mehr wiederholt und somit vollständig gelöscht wird. Im vorletzten Schritt induzieren wir neue Informationen, um unsere Schwingung anzuheben und uns so von einer neuen Energie in die Zukunft unserer Wünsche tragen zu lassen. Hierzu nutzen wir eine **Affirmation**.
Eine Affirmation ist ein positiver Glaubenssatz wie „Ich bin stark.", „Ich bin liebenswert." oder „Ich bin attraktiv." Im Mentaltraining gelten Affirmationen als eine der effektivsten Techniken, um das Unterbewusstsein umzuprogrammieren. Es sind einfache Sätze, die mehrmals wiederholt werden und dadurch zu einem Glaubenssatz werden können. Neben der Wiederholung benötigen sie noch eine Kopplung an ein positives Gefühl wie Freude, Dankbarkeit oder Liebe. Die Wiederholung einer emotional aufgeladenen Aussage ist der einzige Weg, der über unser Wachbewusstsein hinausgeht und bis in unser Unterbewusstsein führt. Auch unsere negativen Glaubenssätze sind durch diesen Mechanismus entstanden, indem wir einen negativen Gedanken wiederholt und mit Gefühlen wie Angst, Trauer, Enttäuschung oder Hass verstärkt haben. Jetzt nutzen wir dieses Prinzip, um unsere negativen Glaubenssätze durch positive Glaubenssätze zu ersetzen.
Buddhisten und Hinduisten verwenden Affirmationen schon seit Jahrtausenden. Hierfür nutzen sie als Hilfsmittel die „Mala", eine Gebetskette aus 108 Perlen. Jede Perle der Mala steht für eine Lehre Buddhas. Wenn östliche Mönche ein „Mantra" aufsagen, heilige Wörter mit einer spirituellen Kraft, gleiten sie mit ihren Fingern von Perle zu Perle und rezitieren dabei eine Lehre Buddhas, ähnlich wie bei der 5-Finger-Methode, die statt Perlen die Finger nutzt. Bei der Aussprache des heiligen Mantras können drei verschiedene Arten gewählt werden. Die laute Aussprache,

die gedankliche Aussprache oder die tonlose Aussprache mit den Lippen. Auch wir können für die Aussprache unserer Affirmation zwischen diesen drei Möglichkeiten wählen, je nachdem, in welcher Situation wir uns befinden und wie wohl wir uns mit einer lauten oder leisen Aussprache fühlen. Durch die regelmäßige Wiederholung des Mantras festigen die Mönche das Wissen der heiligen Lehren in ihrem Unterbewusstsein und schaffen es so, ihre Weisheit auch praktisch in ihrem Alltag auszuleben. Den gleichen Effekt können wir nutzen, um unser Bewusstsein für eine neue Wirklichkeit zu öffnen und auch trotz des stressigen Alltags unsere Schwingung zu erhöhen.
Bereits Platon, einer der bedeutendsten Philosophen aus dem antiken Griechenland, sprach dem gesprochenen Wort eine heilende Wirkung zu. Zudem erkannte er, dass ein und dasselbe nicht Ursache für Gegensätzliches sein kann. Genauso können gegensätzliche Ursachen nicht ein und dasselbe ergeben, sondern müssen auch gegensätzliche Wirkungen zeigen. Dieses Verhältnis zweier Gegensätze existiert auch zwischen unseren unterbewussten Glaubenssätzen und unseren bewussten Wünschen, die als Vorlage für unsere Affirmationen dienen. Ein negatives Gefühl ist ein Hinweis, dass ein unterbewusster Glaubenssatz unsere tatsächliche Realität von der Realität trennt, die wir uns wünschen. Fühlen wir uns schlecht, widerspricht ein Glaubenssatz unserem Wunsch. Dieser Glaubenssatz gestaltet unsere Realität, weil seine Energie stärker ist, als die Energie unseres Wunsches. Ein destruktiver Glaube hat eine niedrige Schwingungsfrequenz, jedoch eine hohe Schwingungsintensität. Ein Wunsch hat eine hohe Schwingungsfrequenz, jedoch meist eine niedrigere Schwingungsintensität. Transformieren wir einen Wunsch zu einem Glauben, dann vereinen wir eine hohe Schwingungsfrequenz mit einer hohen Schwingungsintensität. So entsteht das höchste schöpferische Potenzial im Universum, mit dem wir unsere Grundschwingung und damit auch unsere Zukunft lenken können.

Affirmationen sind eine verallgemeinerte Vorlage für einen positiven Glaubenssatz. Damit sie ihr maximales Potenzial erreichen, ist es sinnvoll, ihren Inhalt und ihre Wortwahl für seine eigenen Bedürfnisse zu individualisieren. Dazu nehmen wir eine allgemeine Affirmation wie „Ich liebe mich." und testen zunächst, wie sich diese für uns anfühlt. Spüren wir ein positives Gefühl, nachdem wir sie einige Male wiederholt haben, ist das ein Hinweis, dass diese Affirmation in Resonanz mit unserem Wunsch steht und ausreichend Glaubwürdigkeit für uns besitzt, um ihre Macht zu entfalten. Spüren wir hingegen nichts oder haben das Gefühl, uns selbst anzulügen, dann müssen wir eine andere Affirmation wählen oder die Affirmation abschwächen. Statt „Ich liebe mich." affirmieren wir „Ich liebe mich jeden Tag mehr." oder zunächst „Ich akzeptiere mich." und dann „Ich mag mich." So schaffen wir eine Brücke, die wir mit jeder erfolgreichen Anwendung schrittweise bis zu der nicht abgeschwächten Form der Affirmation auflösen können. Um den Prozess der Schwingungserhöhung im Alltag kurz zu halten, empfiehlt es sich, diesen Test durchzuführen, bevor eine kritische Situation auftritt, sodass wir eine entsprechende Affirmation bei akutem Bedarf geistig parat haben.

Im vierten Schritt gehst du vom Mittel- zum Ringfinger und wiederholst eine positive Affirmation deiner Wahl, während du dich weiterhin von den positiven Gefühlen aus dem vorherigen Schritt leiten lässt. Sprich die Affirmation je nach Belieben entweder laut oder leise in deinen Gedanken aus. Wiederhole sie so lange, bis du fühlst, dass deine Schwingung mit der Affirmation übereinstimmt. Wichtig ist auch, während der Wiederholung der Affirmation nicht darüber nachzudenken, auf welche genaue Weise sich die positive Energie in deinem Leben manifestieren soll. Durch deine Vorstellungskraft würdest du nur die unendlichen Möglichkeiten der Manifestation einschränken. Statt das „Wie" deines Wunsches genau zu visualisieren, vertraue deiner positiven Energie und lasse dich von ihr leiten.
Für die Wahl der Affirmation kannst du die unten stehende Liste nutzen. Wiederhole einige der Affirmationen und prüfe, was du dabei empfindest. Fühlst du dich gut, kannst du sie in dieser Form

nutzen. Fühlst du dich nicht gut, schwäche sie ab und merke dir ihre abgeschwächte Form, um sie während der nächsten Anwendung der 5-Finger-Methode einzusetzen.

Stimmt dein Gefühl mit der Affirmation überein, folgt der nächste Schritt.

Am Ende dieses Buches erhältst du die Möglichkeit, die nachfolgenden Affirmationen als eingesprochenes Audio-Mantra kostenlos herunterzuladen.

Ich bin richtig.
Ich bin attraktiv.
Ich bin liebenswert.
Ich bin wichtig.
Ich bin wertvoll.
Ich bin perfekt.
Ich bin genauso gut, wie jeder Andere.
Ich bin glücklich.
Ich brauche niemanden außer mir, um glücklich zu sein.
Ich habe alles, was ich brauche.
Mein Leben ist perfekt.
Ich habe die volle Kontrolle über mein Leben.
Ich vertraue dem Fluss des Lebens.
Ich bin frei.
Ich bin fleißig.
Ich kann stolz auf mich sein.
Ich darf Fehler machen.
Ich kann alles erreichen, was ich mir wünsche.
Ich habe es verdient, geliebt zu werden.
Mein Partner liebt mich.
Meine Mitmenschen lieben mich.
Ich darf mich lieben.
Ich kann mich lieben.
Ich kann lieben.
Ich liebe mich.
Alles geschieht für mich.

Schritt 5- Die Aktion

Stelle dir vor, du besäßest die Kraft, Unsichtbares sichtbar zu machen...

Nachdem wir unser Bewusstsein geöffnet und einen positiven Glaubenssatz für eine positive Wirklichkeit integriert haben, endet die 5-Finger-Methode damit, dass wir den neuen Glaubenssatz stärken, indem wir unseren Worten eine Tat folgen lassen und so mit einem ersten Schritt proaktiv auf unsere neue Wirklichkeit zugehen.

Eine Aktion hat mehr als nur ihren offensichtlichen Effekt. Eine Entschuldigung, die durch eine Umarmung beendet wird, verstärkt die Energie eines „Es tut mir leid." Einem anderen Menschen nicht nur zu danken, sondern ihm zusätzlich seine ungeteilte Aufmerksamkeit zu schenken, ist ein großes Zeichen von Dankbarkeit. Und sich einfach einmal nur für das eigene Sein ausführlich zu belohnen, fühlt sich noch viel besser an, als nur stolz auf sich zu sein. Wenn wir uns an die griechische Übersetzung der Energie als „Wirkung" erinnern, wird deutlich, warum die Aktion ein unerlässlicher letzter Schritt für unsere energetische Transformation im Alltag ist. Worte können mehr Kraft als Taten besitzen, doch wenn Taten nicht den Worten folgen, bleiben auch die stärksten Worte wirkungslos. Deswegen ist das Gesetz der Anziehung mehr als ein „Wünsch-dir-was"-Prinzip, das neben dem Wunsch auch die aktive Handlung des Wünschenden bedarf. Dieses Prinzip kann auch die energetische Lehre nicht aufheben.

Allerdings bildet die Aktion nicht die anfängliche Ursache für eine Veränderung unserer Wirklichkeit, sondern ist lediglich das Ende einer energetischen Transformation und verstärkt unsere zuvor geschaffene Energie.

Aus diesem Grund dient die Aktion auch als Reflektion, um uns zu zeigen, wie tief ein neuer Glaubenssatz bereits in uns verankert ist. Wenn wir wirklich an etwas glauben, ist die Aktion als

Folge unseres Glaubens nur eine logische Schlussfolgerung. Befinden wir uns gerade in dem Prozess, einen neuen Glaubenssatz wie „Ich bin schön." in unser Unterbewusstsein zu integrieren, sollten wir nach der Wiederholung dieses Glaubenssatzes intuitiv lächeln, wenn wir unser Spiegelbild sehen. Falls wir wirklich daran glauben, schön zu sein, sollten wir selbstsicherer auf andere Menschen zugehen können und keine Scheu mehr haben, unseren Körper zu zeigen. Wenn wir uns hingegen noch eingestehen müssen: „Eigentlich ist meine Nase doch zu krumm, meine Lippen sind zu schmal, meine Haare zu dünn oder meine Beine zu dick.", dann benötigt der neue Glaubenssatz noch weitere Wiederholungen, um sich zu festigen. Wenn wir dann jedoch antworten „Ja. Ich bin wirklich wunderschön!", dann rückt das Eintreten einer neuen Wirklichkeit näher, in der uns das Universum beweist, wie schön wir und unser Leben sind.

Da sich mit einem einzigen starken Glaubenssatz bereits unsere gesamte Energie verändern kann, kann ein einziger neuer Glaubenssatz auch mehrere Bausteine unserer Realität verändern. Glauben wir aus tiefstem Herzen daran, attraktiv zu sein, wird sich nicht nur unsere Erscheinung ändern. Auch unsere Beziehung, unsere Gesundheit, unsere berufliche Situation und andere Lebensbereiche können attraktiver werden, weil sich die Energie der Attraktivität auf unser gesamtes Leben ausbreiten wird. Doch erst wenn der Glaubenssatz so tief in uns verankert ist, dass seine Manifestation außer Frage steht und das Eintreffen des Wunsches keine Überraschung mehr für uns darstellt, bilden unser Wille, unsere Gedanken und unsere Gefühle eine ausreichend hohe Schwingung, um sich mit der entsprechenden Möglichkeit des universellen Feldes zu überlagern.

Erst wenn wir ohne Zweifel an unseren Wunsch glauben, wird er sich zweifellos zeigen.

Im letzten Schritt der 5-Finger-Methode wechselst du zu deinem kleinen Finger und führst eine Aktion aus, welche die Energie der zuvor wiederholten Affirmation verstärkt. Wähle diese Aktion intuitiv. Es genügen kleine Schritte wie ein offenes Kompliment, eine Geste, eine Annäherung oder eine andere Form einer kleinen Aufmerksamkeit. Während der Aktion kannst du deinen kleinen Finger loslassen, doch beginne sie mit dem Druck auf deinen Finger, sodass er zu einem biologischen Anker wird und die Aktion als letzten Schritt der 5-Finger-Methode nach einigen Wiederholungen automatisch einleitet.

Mit der Beendigung der Aktion endet auch die Anwendung der 5-Finger-Methode. Du hast erfolgreich deine negative Schwingung positiv umgekehrt und erschaffst eine neue Realität.

Falls du anfangs Schwierigkeiten hast, dir die fünf Schritte der Bewusstseinsöffnung zu merken, rufe dir ihre fünf ***A´s*** *ins Gedächtnis.*

Sei ***achtsam****, wenn sich deine Gefühle drehen.*
Atmest *du ruhig, wird deine Schwingung stehen.*
Nutzt du den ***Ausgleich****, wird dein Schatten ungeschehen.*
Wiederholst du eine ***Affirmation****, wirst du ein Lichtlein sehen.*
Beendest du es mit einer ***Aktion****, wirst du in eine neue Zukunft gehen.*

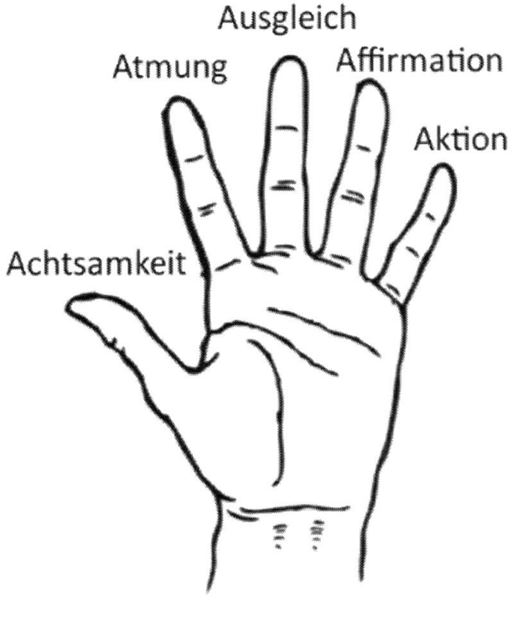

Die 5-Finger-Methode im Alltag

Im Folgenden stelle ich dir einige Beispiele vor, wann und wie du die Bewusstseinsöffnung durch die 5-Finger-Methode in deinem Alltag anwenden kannst. Als Assistenten helfen mir dabei ***Mila und Milan.*** *Die beiden sind niemand und doch jeder. Auch ich habe etwas von Mila und Milan in mir. Und wahrscheinlich steckt ein bisschen von ihnen auch in dir...*

Ich bin hässlich.
→ ***Ich bin schön.***

<u>Situation:</u>
Das erste, was Mila morgens nach dem Aufstehen macht, ist ein Gutachten ihres Spiegelbilds zu erstellen. Sobald sie ihr rundes Gesicht und das Fett an Armen, Bauch und Beinen sieht, die allmählich ihren Widerstand gegen die Schwerkraft aufgeben, beginnt sie sich zu verachten. *„Ich bin fett!", „Wer könnte so einen Körper lieben?!", „Ekelhaft!", „Ich bin hässlich!"* Mit jedem Gedanken schämt sie sich mehr, beleidigt ihren eigenen Körper und verurteilt ihren Anblick als nicht liebenswert.
<u>Achtsamkeit - Daumen:</u>
Wenn sie wahrnimmt, dass sie sich schlecht fühlt, fängt sie an, Druck auf ihren Daumen auszuüben. Durch diesen Anker leitet sie die 5-Finger-Methode ein und beginnt, ihre Gefühle zu beobachten und sie zu benennen. Dabei spürt sie Schuld, Wut und Enttäuschung.
<u>Atmung - Zeigefinger:</u>
Als nächstes wechselt sie zum Zeigefinger und konzentriert sich darauf, durch ihren Bauch tief ein- und auszuatmen. Je ruhiger ihre Atmung wird, desto ruhiger werden auch ihre Gedanken und Gefühle. So erschafft sie einen Raum für ihre Negativität, aus dem sie sich mit jedem Atemzug weiter löst.
<u>Ausgleich - Mittelfinger:</u>

Danach wandert sie zum Mittelfinger und polarisiert die Bewertung der negativen Energie, um sie positiv auszugleichen. Als sie sich die Frage stellt: *„Was ist das Gute im „Schlechten"?"*, fallen ihr ihre strahlenden Augen und ihre langen Haare auf. Außerdem erinnert sie sich an die Komplimente, die sie bereits von vergangenen Liebhabern für ihren Körper bekommen hat. So akzeptiert sie den gegenwärtigen Umstand und löst die blockierte Energie. Ihre Ablehnung hat sich in Annahme verwandelt.

<u>Affirmation - Ringfinger:</u>

Daraufhin geht sie zum Ringfinger über und integriert einen neuen Glaubenssatz, indem sie sich durch den Spiegel tief in ihre Augen blickt, einige Male ***„Ich bin schön!"*** wiederholt und dabei Dankbarkeit spürt, in einem menschlichen, gesunden und so makellosen Körper leben und lieben zu dürfen. Mit jeder Wiederholung spürt sie deutlich, wie sich ihre Energie immer weiter erhöht.

<u>Aktion - Kleiner Finger:</u>

Bis sie nach einem kurzen Druck auf ihren kleinen Finger schließlich mit einem Lächeln unter die Dusche verschwindet und ihren wunderschönen Körper liebevoll pflegt.

Ich schaffe das nicht.

→ Ich schaffe das.

<u>Situation:</u>

Milans Schwingung fällt schon vor dem Gang ins Badezimmer ab. Nach einem unruhigen Schlaf wacht er morgens auf und denkt bereits in der ersten Minute des neuen Tages an seine Arbeit und all die offenen Aufgaben, die heute unbedingt erledigt werden müssen. Seine berufliche Belastung wird immer größer. Wenn er eine Aufgabe beendet, warten bereits zwei neue auf ihn. Der Stress frisst ihn auf. *„Ich muss schneller arbeiten!"*, *„Ich muss mehr arbeiten!"*, *„Ich schaffe das nicht!"* Mit jedem Gedanken bohrt sich der Stress tiefer in seinen Kopf, der ihn als unzulänglich schuldig spricht.

<u>Achtsamkeit - Daumen:</u>

Sobald er wahrnimmt, dass er sich schlecht fühlt, fängt er an, Druck auf seinen Daumen auszuüben. Durch diesen Anker leitet er die 5-Finger-Methode ein und beginnt, seine Gefühle zu beobachten und sie zu benennen. Neben dem Stress fühlt er vor allem Panik.

<u>Atmung - Zeigefinger:</u>

Als nächstes wechselt er zum Zeigefinger und konzentriert sich darauf, durch seinen Bauch tief ein- und auszuatmen. Je ruhiger seine Atmung wird, desto ruhiger werden auch seine Gedanken und Gefühle. So erschafft Milan einen Raum für seine panischen Ängste, aus dem er sich mit jedem Atemzug weiter löst.

<u>Ausgleich - Mittelfinger:</u>

Danach wandert er zum Mittelfinger und polarisiert die Bewertung der negativen Energie, um sie positiv auszugleichen. Dank seiner Arbeit kann er sich einen hohen Lebensstandard leisten. Dass er viele Aufgaben zugewiesen bekommt, bedeutet auch, dass sein Arbeitgeber genügend Aufträge erhält. So kann er Milan weiterhin beschäftigen und bezahlen. Die Zuteilung der Aufgaben an Milan ist zudem ein Vertrauensbeweis, der zeigt, dass seine Vorgesetzten Milan und die Qualität seiner Arbeit zu schätzen wissen. Außerdem erinnert er sich an seine vergangenen Projekte, die er bereits alle gemeistert hat. Wenn er genauer darüber nachdenkt, hat er letztlich immer alles geschafft und oftmals Anerkennung für seine Ergebnisse erhalten. So akzeptiert Milan den gegenwärtigen Umstand und löst die blockierte Energie.

<u>Affirmation - Ringfinger:</u>

Daraufhin geht er zum Ringfinger über und integriert den neuen Glaubenssatz ***„Ich schaffe das!"***, während er die Dankbarkeit für seine Arbeit und sein Potenzial spürt. So verwandelt er sein anfängliches Misstrauen in sein Können mit jeder Wiederholung in ein Vertrauen.

<u>Aktion - Kleiner Finger:</u>

Zuletzt beendet Milan die 5-Finger-Methode mit einem kurzen Druck auf seinen kleinen Finger, bevor er hochmotiviert zu seiner Arbeit fährt und sich seinen offenen Aufgaben mit seiner gesamten Aufmerksamkeit hingibt, sodass er am Ende dieses Tages alle seine Aufgaben erfolgreich erledigen konnte.

Ich bin nicht richtig.

→ **Ich bin perfekt.**

Situation:
Auf der Arbeit hört Mila aus der Ferne, dass ihre Kollegin von ihrer Chefin für ihr Engagement gelobt wird. Als die Chefin zu Mila kommt, erhält sie jedoch nichts als eine kurze Begrüßung und wird lediglich gefragt, ob sie ihre Aufgaben bereits erledigt habe. Dabei zeigt Mila mindestens genauso viel Engagement wie ihre Kollegin. Sie übernimmt nicht nur häufig die Arbeit der anderen, sondern opfert sich auch regelmäßig für Überstunden auf. *„Warum werde ich benachteiligt?!"*, *„Was stimmt nicht mit mir?!"*, *„Ich bin nicht richtig!"* Je mehr sie über die vergangene Situation nachdenkt, desto mehr verliert sie sich in ihren Gedanken.

Achtsamkeit - Daumen:
Sobald sie wahrnimmt, dass sie sich schlecht fühlt, fängt sie an, Druck auf ihren Daumen auszuüben. Durch diesen Anker leitet sie die 5-Finger-Methode ein und beginnt, ihre Gefühle zu beobachten und sie zu benennen. Dabei spürt sie Wut auf ihre Chefin, Neid gegenüber ihrer Kollegin und die Enttäuschung über sich selbst.

Atmung - Zeigefinger:
Als nächstes wechselt sie zum Zeigefinger und konzentriert sich darauf, durch ihren Bauch tief ein- und auszuatmen. Je ruhiger ihre Atmung wird, desto ruhiger werden auch ihre Gedanken. Dadurch erschafft sie einen Raum für ihre Negativität, aus dem sie sich mit jedem Atemzug weiter löst.

Ausgleich - Mittelfinger:
Danach wandert sie zum Mittelfinger und polarisiert die Bewertung der negativen Energie, um sie positiv auszugleichen. Dafür stellt sie sich die Frage *„Was ist das Gute im „Schlechten"?"* Mila

erinnert sich daran, dass ihre Chefin auch sie bereits gelobt hat, während ihre Kollegin nicht gelobt wurde. Deswegen freut sie sich, dass ihre Kollegin auch einmal etwas Anerkennung erhalten hat. Sie ist unsicherer als Mila und konnte ein kleines Lob wahrscheinlich noch mehr gebrauchen. Vielleicht war das auch der Grund, warum ihre Vorgesetzte bei diesem Mal ihre Kollegin bevorzugt hat. Danach konnte sie in Eile gewesen sein und sich in der Gewissheit, dass Mila ihren eigenen Wert kennt, nur kurz nach ihren Fortschritten erkundigt haben. Durch die Annahme der Situation fühlt sich Mila bereits erleichtert.

Affirmation - Ringfinger:

Daraufhin geht sie zum Ringfinger über und integriert einen neuen Glaubenssatz, indem sie die Affirmation: ***„Ich bin perfekt!"*** wiederholt, während sie Freude und Vertrauen spürt. Mit jeder Wiederholung gewinnt sie mehr Selbstbewusstsein, bis sie mit einem Druck auf ihren kleinen Finger die Bewusstseinsöffnung beendet.

Aktion - Kleiner Finger:

Zuletzt geht sie zu ihrer Kollegin und lobt sie ebenfalls für ihren Einsatz, bevor sie sich mit voller Hingabe wieder ihren Aufgaben widmet.

Ich habe nichts in meinem Leben erreicht.

→ Ich bin stolz auf mich.

Situation:

Als Milan während der Arbeit durch ein Fenster beobachtet, wie sein Chef in einem teuren Anzug gerade aus seinem neuen Auto aussteigt, schweifen seine Gedanken kurz ab. Auch er hat sich von klein auf gewünscht, später einmal wie die Schönen und Reichen zu leben. Stattdessen gehörte er schon immer zu dem unteren Drittel. Während des Sportunterrichts in der Schule wurde er standardmäßig als Letzter gewählt und seinen Schulabschluss schaffte er mit mehr Glück als Recht. Zwar hatte er nach langer Suche eine Arbeitsstelle gefunden, doch seine Position im Unternehmen ist eher unbedeutend und eine sensationelle Karriere steht ihm auch nicht bevor. *„Das Leben ist ein Kampf.", „Ich werde vom Pech verfolgt.", „Ich habe nichts in meinem Leben erreicht."*

Achtsamkeit - Daumen:

Wenn er die ersten unangenehmen Gefühle wahrnimmt, fängt er an, Druck auf seinen Daumen auszuüben. Durch diesen Anker leitet er die 5-Finger-Methode ein und beginnt, seine Gefühle zu beobachten und sie zu benennen. So identifiziert er seine Selbstzweifel und den Frust über seine Lebenssituation.

Atmung - Zeigefinger:

Als nächstes wechselt er zum Zeigefinger und konzentriert sich darauf, durch seinen Bauch tief ein- und auszuatmen. Je ruhiger seine Atmung wird, desto ruhiger werden auch seine Gedanken und Gefühle. So schafft Milan einen Raum für seinen Kummer, aus dem er sich mit jedem Atemzug weiter löst.

Ausgleich - Mittelfinger:

Danach wandert er zum Mittelfinger und polarisiert die Bewertung der negativen Energie, um sie positiv auszugleichen. Als er sich fragt: *„Was ist das Gute im „Schlechten"?"* erinnert er sich an seine traumhafte Freundin, seine liebevolle Familie und seine einzigartigen Freunde. Er besitzt enge Beziehungen zu seinem Umfeld, weil er so viel Zeit mit ihnen verbringen kann. Zeit, die er nicht mehr besäße, wenn er eine steile berufliche Karriere verfolgen würde. Obwohl er kein Juniorchef ist, hat er schon Vieles in seinem Leben erreicht, das für ihn wertvoller ist, als ein beruflicher Titel, teure Anzüge und schnelle Autos. Er ist umgeben von Menschen, die ihn lieben. Etwas, auf das er wahrlich stolz sein kann. So gelingt es Milan, sein Leben anzunehmen und die blockierte Energie zu lösen.

Affirmation - Ringfinger:

Daraufhin geht er zum Ringfinger über und integriert einen neuen Glaubenssatz, indem er gedanklich wiederholt: ***„Ich bin stolz auf mich!"*** und dabei die Dankbarkeit für sein erfülltes Leben spürt. Mit jeder Wiederholung steigt auch sein Selbstbewusstsein weiter.

Aktion - Kleiner Finger:

Bis er mit einem Druck auf seinen kleinen Finger die 5-Finger-Methode beendet und schließlich seine Freundin anruft, um sie heute Abend zu einem Abendessen einzuladen. Danach sucht er seine befreundeten Arbeitskollegen auf, um gemeinsam mit ihnen in die Mittagspause zu gehen und ihnen seine ungeteilte Aufmerksamkeit zu schenken.

Ich muss alle Erwartungen erfüllen.

→ **Ich bin frei.**

Situation:

Am Nachmittag hat Mila ein wichtiges Gespräch mit ihrer Chefin. In diesem Gespräch wird entschieden, ob sie die Richtige für die freigewordene Position als Abteilungsleiterin sei. Eigentlich ist Mila glücklich mit ihrer Stelle als Sachbearbeiterin. Der enge Kontakt zu den Kunden macht ihr am meisten Spaß und als Abteilungsleiterin müsste sie sich vorrangig durch die Bürokratie kämpfen. Trotzdem hatte sie sich für die neue Position beworben. Nicht für sich, sondern vor allem für ihre Eltern und ihre Beziehung. Milas Eltern wollten immer, dass sie studiert und Ärztin oder Anwältin wird. Ihre Entscheidung gegen ein Studium war für ihre Eltern wie ein Schlag ins Gesicht. Als Entschädigung wollte sie ihnen nun wenigstens beweisen, auf ihrer Arbeit Wichtiges zu leisten. Außerdem wäre die Beförderung mit einer Gehaltserhöhung verbunden, sodass sie es sich endlich leisten könnte, mit ihrem Freund in den Urlaub zu fliegen und mehr zu unternehmen, um ihrer Beziehung neuen Schwung zu verleihen. Wovor Mila sich jedoch am meisten in ihrer neuen Position fürchtet, ist die steigende Verantwortung und die zeitliche Belastung. Schon jetzt hat sie Schwierigkeiten, all ihre Freundschaften zu pflegen, damit niemand zu kurz kommt. Zusätzlich muss sie sich noch um die Bedürfnisse ihres Freundes kümmern und sich Mühe geben, auch den übrigen Normen der Gesellschaft zu folgen. Auch als Sachbearbeiterin war es schon schwierig genug, alles unter einen Hut zu bekommen. Doch bisher hat sie die Anforderungen an sie gut meistern können. Die einzige, die stets zu kurz kam, war sie selbst. *„Ich kann nicht mehr!"*, *„Mir wird alles zu viel!"*, *„Aber ich muss alle Erwartungen an mich erfüllen!"* Mit jedem Gedanken lädt sie sich weiteren Ballast auf ihre seelischen Schultern.

Achtsamkeit - Daumen:

Sobald sie wahrnimmt, dass sie sich unwohl fühlt, fängt sie an, Druck auf ihren Daumen auszuüben. Durch diesen Anker leitet sie die 5-Finger-Methode ein und beginnt, ihre Gefühle zu beobachten und sie zu benennen. Dabei merkt sie, wie sehr sie an sich zweifelt und wie ohnmächtig sie sich fühlt.

Atmung - Zeigefinger:

Als nächstes wechselt sie zum Zeigefinger und konzentriert sich darauf, durch ihren Bauch tief ein- und auszuatmen. Je ruhiger ihre Atmung wird, desto ruhiger werden auch ihre Gedanken und Gefühle. So erschafft sie einen Raum für ihre Sorgen, aus dem sie sich mit jedem Atemzug weiter löst.

Ausgleich - Mittelfinger:

Danach wandert sie zum Mittelfinger und polarisiert die Bewertung der negativen Energie, um sie positiv auszugleichen. Hierzu beantwortet sie innerliche die Frage: *„Was ist das Gute im „Schlechten"?"* Mila ruft sich ihre Eltern in ihr Gedächtnis, die sie lieben und mit ihren Erwartungen nur das Beste für sie wollen. Überhaupt als Abteilungsleiterin in Frage zu kommen, beweist außerdem, dass ihr Arbeitgeber Milas Arbeit wertschätzt und ihr zutraut, noch mehr Verantwortung übernehmen zu können. Mila bemerkt, dass alle um sie herum eigentlich nur das Beste für sie wollen. Niemand zwingt sie, etwas gegen ihren eigenen Willen zu tun. Für all den Stress hat sie sich letztendlich selbst entschieden. Als sie sich kurz von dem Gedanken löst, alle Erwartungen erfüllen zu müssen, fällt ihr auf, dass sie in Wahrheit vollkommen frei ist. Und wenn ihre Mitmenschen sich nur das Beste für sie wünschen, dann wünschen sie sich am meisten, dass Mila glücklich ist. Wenn sie sich also entscheidet, ihren eigenen Weg zu gehen, tut sie das, was sich alle für sie wünschen. So verstreichen ihre Sorgen immer weiter und weichen für Gefühle von Hoffnung und Vertrauen.

Affirmation - Ringfinger:

Daraufhin geht sie zum Ringfinger über und integriert einen neuen Glaubenssatz, indem sie mehrmals wiederholt: ***„Ich bin frei!"*** Mit jedem Mal wird ihr Selbstvertrauen größer, dass ihr eigener Weg der richtige Weg ist.

Aktion - Kleiner Finger:

Zuletzt beendet sie die 5-Finger-Methode mit einem Druck auf ihren kleinen Finger. Später erzählt sie ihrer Chefin, ihren Eltern, ihrem Freund und ihren Freunden, dass sie sich gegen die neue Stelle entschieden hat, weil sie sich jetzt mehr um ihre eigenen Bedürfnisse kümmern will. Statt ihre Entscheidung abzulehnen, wird sie von allen mit offenen Armen und Verständnis empfangen.

Ich habe keine Kontrolle über mein Leben.

→ Ich vertraue dem Leben und bin für mein eigenes Glück verantwortlich.

Situation:

Nachdem Milan abends von der Arbeit nach Hause kommt, entdeckt er in seinem Briefkasten einen Brief von seinem Zahnarzt. Während er seine Wohnung betritt, denkt er darüber nach, was der Grund für den Brief sein könnte. Plötzlich erinnert er sich an die Behandlung vor einigen Monaten, für die er noch keine Rechnung erhalten hatte. Während er den Brief öffnet, breitet sich bereits ein mulmiges Gefühl in seinem Bauch aus. Sofort suchen seine Augen die fettgedruckten Ziffern am Ende der Rechnung. 800€. Mit seinem Herzschlag steigen auch seine Sorgen. Nicht nur, dass er die Rechnung bereits vergessen hatte; erst gestern ist auch die Waschmaschine kaputt gegangen. Hinzu kommen seine alljährlichen Depressionen zum Anfang des Winters, eine sich anbahnende Grippe, der Druck auf der Arbeit und seine Einsamkeit, wenn seine Freundin nicht da und er alleine ist. *„Wie* *soll ich das alles bezahlen?", „In meinem Leben geht alles kaputt!", „Ich habe die Kontrolle über mein Leben verloren!"* Mit jedem Gedanken wütet sein innerer Sturm stärker.

Achtsamkeit - Daumen:

Sobald er wahrnimmt, dass seine Sorgen steigen, fängt er an, Druck auf seinen Daumen auszuüben. Durch diesen Anker leitet er die 5-Finger-Methode ein und beginnt, seine Gefühle zu beobachten und sie zu benennen. Dabei spürt er neben seinen Sorgen vor allem eine tiefe Angst.

Atmung - Zeigefinger:

Als nächstes wechselt er zum Zeigefinger und konzentriert sich darauf, durch seinen Bauch tief ein- und auszuatmen. Je mehr sich seine Atmung beruhigt, desto mehr beruhigen sich auch seine Gedanken und Gefühle. So dehnt er den Raum zwischen sich und seinen Sorgen immer weiter aus, bis er es schließlich schafft, sich so weit auf seine Atmung zu konzentrieren, dass er sich von den negativen Gedanken und Gefühlen lösen kann.

Ausgleich - Mittelfinger:

Danach wandert er zum Mittelfinger und polarisiert die Bewertung der negativen Energie, um sie positiv auszugleichen. Dazu stellt er sich die Frage: *„Was ist das Gute im „Schlechten"?"* Zwar hat Milan viele Kosten zu tragen, dadurch genießt er allerdings auch eine hohe Lebensqualität. Er hat eine eigene Wohnung, ein Auto, warmes Essen und lauter Kleinigkeiten, mit denen er sich regelmäßig belohnt. Dann schaut Milan aus dem Fenster hinaus und betrachtet den Winter. Trotz seiner Dunkelheit und Kälte hat er auch etwas Schönes. Die Lichter in den Häusern strahlen hell und es naht die wärmende Atmosphäre der Weihnachtszeit. Schließlich findet Milan selbst in seiner Grippe etwas Gutes. Neben den Kopf- und Gliederschmerzen bringt sie auch eine sorgsame Erinnerung seines Körpers mit sich, um zur Ruhe zu kommen. Außerdem bietet seine Krankheit die Chance, sich einige Tage mit sich selbst zu beschäftigen. Auch sein gelegentliches Alleinsein ist nicht nur schlecht. So hat er viel Zeit, um sich seinem Hobby zu widmen. Wenn er genau darüber nachdenkt, ist er auch gar nicht so einsam und hat tolle Freunde, die sich über eine Einladung von ihm sehr freuen würden. Milan beginnt seine Lebensumstände anzunehmen und verliert mit jedem Gedanken auch mehr von seinem emotionalen Ballast.

Affirmation - Ringfinger:

Daraufhin geht er zum Ringfinger über und integriert einen neuen Glaubenssatz, indem er einige Male die Affirmation: **„Ich vertraue dem Leben und bin für mein eigenes Glück verantwortlich!"** wiederholt. Dabei spürt er, wie er immer dankbarer und selbstbewusster wird und dem Fluss des Lebens immer mehr vertraut.

Aktion - Kleiner Finger:

Bis er schließlich mit einem Druck auf seinen kleinen Finger die 5-Finger-Methode beendet. Danach genießt Milan sein Lieblingsgericht und ruft spontan einen seiner alten Freunde an, um ein herzliches Gespräch mit ihm zu führen, bevor er sich mit einer Wärmflasche und einem Tee in sein Bett sinken lässt und nach Jahren endlich wieder beginnt zu lesen.

Ich brauche meinen Partner, um glücklich zu sein.

→ Ich brauche nur mich, um glücklich zu sein.

Situation:

In letzter Zeit ist die Beziehung zwischen Mila und ihrem Freund alles andere als harmonisch. Die anfänglichen Schmetterlinge wurden aus dem Bauch verdrängt und sind in den Hals geflüchtet. Dort beginnen sie bereits zu kratzen, wenn der andere auch nur laut atmet. Ständig streiten sich die beiden für Nichtigkeiten. Auch wenn der Anfang eines Krieges schon vergessen ist, ist sein Ende noch in weiter Ferne. Das einzige, was sie noch zusammenhält, ist die Angst davor, den anderen zu verlieren und an der Einsamkeit zu ersticken. Gerade Mila ist besonders besorgt, wieder alleine zu sein. Sie weiß, dass sie weder mit, noch ohne ihn kann. Nach einem besonders heftigen Streit hat er sie an diesem Abend verlassen. Das macht er häufig, doch dieses Mal ist Mila nicht sicher, ob er wiederkehrt. *„Lieber eine stressige Beziehung, als gar keine Beziehung!", „Ohne ihn kann ich nicht leben!", „Ich* *brauche meinen Partner, um glücklich zu sein!"* Mit jedem Gedanken wird ihre Sehnsucht nach ihm stärker, doch sie will sich treu bleiben und ihre eigenen Bedürfnisse nicht erneut hintenanstellen.

Achtsamkeit - Daumen:

Sobald sie wahrnimmt, dass sie sich immer schlechter fühlt, fängt sie an, Druck auf ihren Daumen auszuüben. Durch diesen Anker leitet sie die 5-Finger-Methode ein und beginnt, ihre Gefühle zu beobachten und sie zu benennen. Dabei merkt sie, dass das Chaos in ihrem Kopf vor allem von Verlustängsten getrieben wird.

Atmung - Zeigefinger:

Als nächstes wechselt sie zum Zeigefinger und konzentriert sich darauf, durch ihren Bauch tief ein- und auszuatmen. Je langsamer ihr Atem wird, desto langsamer werden auch ihre Gedanken und Gefühle. So erschafft sie einen Raum für ihre Ängste, aus dem sie sich durch die Konzentration auf ihrem Atem entfernt.

Ausgleich - Mittelfinger:

Danach wandert sie zum Mittelfinger und polarisiert die Bewertung der negativen Energie, um sie positiv auszugleichen. Dafür sucht sie das Gute im „Schlechten". Ihr fällt auf, dass sie und ihr Partner den Abstand benötigen, um sich ihren Gefühlen und der Zukunft ihrer Beziehung bewusst zu werden. Als sie ihr Leben einmal genauer reflektiert, erkennt sie all das Schöne, was abseits ihrer Beziehung noch bleibt. Sie hat viele Erfahrungen gewonnen und ist dankbar für die schönen Momente, die sie gemeinsam mit ihrem Freund hatte. Mila erinnert sich, dass sie auch vor der Beziehung die Frau war, die sie heute noch ist. Und dass ihr Partner sie auf ihrem Weg begleiten kann, doch dass er nicht ihr Weg ist. So akzeptiert sie die gegenwärtige Situation und löst die blockierte Energie.

Affirmation - Ringfinger:

Daraufhin geht sie zum Ringfinger über und integriert einen neuen Glaubenssatz. Sie sagt laut: ***„Ich brauche nur mich, um glücklich zu sein!"*** Während sie die Affirmation wiederholt, fühlt sie die Liebe zu sich und ihrem Leben.

Aktion - Kleiner Finger:

Zuletzt beendet sie die 5-Finger-Methode durch einen kurzen Druck auf ihren kleinen Finger. Als ihr Freund wieder nach Hause kommt, umarmt und liebt sie ihn. Da sie sich daran erinnert hat, dass sie nicht auf seine Liebe angewiesen ist, ist sie auch nicht mehr so empfindlich, wenn er ihr nicht sofort die Liebe zurückgibt, die sie immer von ihm erwartet hat. Falls sie die Beziehung trotzdem weiterhin belasten sollte, hat sie jetzt den Mut, sie zu beenden, denn Mila ist liebenswert und braucht keine Liebe von außerhalb, sondern vor allem von sich selbst.

Mein Partner liebt mich nicht.

→ **Mein Partner liebt mich.**

Situation:

Während Milan zuhause bereits das Abendessen zubereitet, ist seine Freundin noch schnell zum Supermarkt gefahren, um den wöchentlichen Einkauf zu tätigen. Als sie zurückkehrt, muss Milan feststellen, dass sie nur an ihre eigenen Lebensmittel gedacht hat und die wenigen Dinge, die Milan sie bat einzukaufen, allesamt vergessen hat. Das passiert nicht zum ersten Mal und überhaupt ist ihm in letzter Zeit häufiger aufgefallen, dass seine Freundin ihm kaum noch Komplimente macht und auch ihre Intimität verdurstet. Als er sie darauf anspricht, streitet sie alle Vorwürfe ab und die Situation eskaliert schnell, sodass beide sich in verschiedenen Räumen zurückziehen. *„Wie kann sie so rücksichtslos sein?!", „Sie liebt mich nicht mehr!"* Mit jedem Gedanken wird er panischer.

Achtsamkeit - Daumen:

Sobald er wahrnimmt, dass seine Sorgen steigen, fängt er an, Druck auf seinen Daumen auszuüben. Durch diesen Anker leitet er die 5-Finger-Methode ein und beginnt, seine Gefühle zu beobachten und sie zu benennen. So fühlt er die Angst, die sich in ihm ausbreitet.

Atmung - Zeigefinger:

Als nächstes wechselt er zum Zeigefinger und konzentriert sich darauf, durch seinen Bauch tief ein- und auszuatmen. Je ruhiger seine Atmung wird, desto ruhiger werden auch seine Gedanken und Gefühle. So erschafft er einen Raum für seine Angst, aus dem er sich mit jedem Atemzug weiter zurückzieht.

Ausgleich - Mittelfinger:

Danach wandert er zum Mittelfinger und polarisiert die Bewertung der negativen Energie, um sie positiv auszugleichen, indem er nach dem Guten im „Schlechten" sucht. Auch wenn seine Freundin ihn nicht mehr lieben sollte, so liebt Milan trotzdem noch sie und will nur ihr Bestes. Zwar hat sie schon einige Male Kleinigkeiten vergessen und in jüngster Vergangenheit ihre Zuneigung weniger zeigen können, allerdings muss sie in letzter Zeit privat und beruflich an Vieles denken und ist hohem Stress ausgesetzt. Außerdem schafft sie es trotzdem noch, ihm Liebe zu zeigen. Sie nutzt nur eine andere Sprache der Liebe und schenkt ihm statt Komplimenten immer ein offenes und aufmerksames Ohr, was Milan dafür nicht so leicht bei ihr fällt. So verwandelt sich Milans Enttäuschung langsam in einsichtsvolle Liebe.

Affirmation - Ringfinger:

Daraufhin geht er zum Ringfinger über und integriert einen neuen Glaubenssatz. Dazu wiederholt er den Gedanken ***„Meine Partnerin liebt mich!"*** solange, bis er die Liebe von und für seine Partnerin tief in seinem Herzen spüren kann.

Aktion - Kleiner Finger:

Schlussendlich beendet er die 5-Finger-Methode durch einen leichten Druck auf seinen kleinen Finger. Danach steht er auf, läuft zu seiner Freundin, entschuldigt sich und schenkt ihr an diesem Abend all seine Liebe.

Ich bin nicht liebenswert.

→ **Ich liebe mich.**

Situation:

Bevor Mila schlafen geht, scrollt sie noch ein letztes Mal durch ihre News-Feeds in den sozialen Medien. Dort sieht sie, wie all ihre Freunde ein glanzvolles Leben zu führen. Neben den bunten Erlebnissen ihrer Freunde wirkt ihr Leben eher farblos. Sie scheinen immer Spaß zu haben, von hunderten Freunden geschätzt zu werden und alle perfekt auszusehen. Mila hingegen hat nur selten so viel Spaß, besitzt nur eine Handvoll Freunde und würde unter tausenden Bildern mit viel Glück nur eines finden, auf dem sie akzeptabel aussähe. *„Mein Leben ist nicht lebenswert!", „Alle anderen sind besser als ich!", „Ich bin nicht liebenswert!"* Mit jedem Selbsturteil steigt die Ablehnung gegen sich und ihr Leben.

Achtsamkeit - Daumen:

Sobald sie wahrnimmt, dass ihre innerlichen Widerstände zunehmen, fängt sie an, Druck auf ihren Daumen auszuüben. Durch diesen Anker leitet sie die 5-Finger-Methode ein und beginnt, ihre Gefühle zu beobachten und sie zu benennen. Dabei spürt sie neben ihren Ängsten auch Verzweiflung.

Atmung - Zeigefinger:

Als nächstes wechselt sie zum Zeigefinger und konzentriert sich darauf, durch ihren Bauch tief ein- und auszuatmen. Mit jedem Atemzug dehnt sie den Raum zwischen sich und ihren negativen Gefühlen weiter aus.

Ausgleich - Mittelfinger:

Danach wandert sie zum Mittelfinger und polarisiert die Bewertung der negativen Energie, um sie positiv auszugleichen. Dazu fängt sie an, das Gute im „Schlechten" zu suchen. Sie freut sich, dass es so vielen ihrer Freunde so gut zu gehen scheint. Bei genauerer Betrachtung geht es ihr selbst auch ziemlich gut. Erst vor kurzem hat sie mit ihren besten Freundinnen einen tollen Tag gehabt. Zwar ist ihr Freundeskreis überschaubar, dafür hat sie die besten Freundinnen, die sie sich nur wünschen kann und ihr auch in den dunkelsten Stunden liebevoll zur Seite stehen.

Auch ihr Körper ist gar nicht so schlecht, wie er auf einigen unglücklichen Fotos wirken kann. Ebenso wirkt ihr Leben gar nicht so dramatisch. Sie ist ein schöner Mensch mit einem schönen Leben und hat noch genügend Zeit, um sich und ihr Leben noch schöner zu gestalten. So wird Mila immer dankbarer für alles, was sie ist und hat.

Affirmation - Ringfinger:

Daraufhin geht sie zum Ringfinger über und integriert einen neuen Glaubenssatz. Hierfür wiederholt sie einige Male ***„Ich bin liebenswert!"*** und fühlt sich dabei immer weiter in die Liebe zu sich selbst hinein.

Aktion - Kleiner Finger:

Zum Schluss beendet sie die 5-Finger-Methode durch den Druck auf ihren kleinen Finger und beschließt, fortan weniger auf andere und mehr auf sich selbst zu achten. Dafür verschreibt sie sich selbst eine „Social Media-Pause", legt ihr Smartphone weg und schläft schließlich in liebevoller Ruhe ein.

Phase 2 – Bewusstseinserweiterung

Meditation

Stelle dir vor, du besäßest die Kraft, die Zeit zwischen deiner Gegenwart und deiner Zukunft zu verkürzen...

Dass unser Bewusstsein unser Inneres mit unserer äußeren Wirklichkeit verbindet, ist keine Entdeckung des 21. Jahrhunderts. Als unser wahres Sein bildet das Bewusstsein den Grundstein jeder selbstermächtigenden Weisheitslehre. Fast alle traditionellen östlichen Kulturen erkennen es als die schöpferische Kraft an, die unsere Realität formt.

Die Wirklichkeit zu verändern, ohne die Grundschwingung des Bewusstseins zu verändern, ist deswegen ein leidvolles Unterfangen. Wenn die Energie unserer Realität nicht mit der Energie unseres Bewusstseins übereinstimmt, wird sich jede Veränderung unserer Außenwelt, die nicht durch unsere innere Welt entstanden ist, wieder aufheben. Wir können den liebevollsten Menschen der Welt begegnen, trotzdem können sie uns nicht lieben, wenn wir uns nicht selbst lieben können. Genauso können uns einzigartige Chancen erreichen, trotzdem können wir sie nicht wahrnehmen, geschweige denn annehmen, wenn wir uns selbst nicht als einzigartig anerkennen. Wenn uns doch einmal etwas Vorteilhaftes passiert, folgt bald darauf wieder ein neuer Schlag, der unsere Schwingung wieder senkt. „Wie gewonnen, so zerronnen." wirkt wie eine Beschreibung unseres Lebens. Wer seine Realität nachhaltig verändern will, muss die Grundschwingung seines Bewusstseins verändern. Deswegen existieren auch in allen Kulturen verschiedene Praktiken, um sein Bewusstsein zu erweitern. Die weitverbreitetste Methode hierzu ist die **Meditation**.

In östlichen Traditionen ist sie die grundlegendste Übung, um seine Energie durch die bewusste Ausrichtung seines Bewusstseins zu lenken. Doch nicht nur im Hinduismus, Buddhismus und Daoismus gilt sie als die effektivste aller Bewusstseinsübungen.

Auch in der christlichen Religion existierten seit jeher Geistesübungen, um sich mit einer universalen Macht zu verbinden. Nachdem diese Praktiken allerdings im Mittelalter von der Inquisition verboten wurden, blieb im Christentum nur noch das Gebet übrig, welches sowohl von der Durchführung, als auch von der zugesprochenen Wirkung stark an eine Affirmation erinnert. Meditationen und Affirmationen teilen viele Gemeinsamkeiten. Auch das Ziel vieler Meditationsarten ist die Transzendenz eines neuen Glaubens von unserem Wachbewusstsein in unser Unterbewusstsein. Im Vergleich zu den Affirmationen können Meditationen jedoch noch weiter individualisiert werden, da der Anwender zwischen zahlreichen Meditationsformen wählen kann.

Zunächst einmal können Meditationen entweder aktiv oder passiv durchgeführt werden. Während einer aktiven Meditation, wie der Gehmeditation, ist der Teilnehmer in körperlicher Bewegung. Die passive Meditation gewährt dem Meditierenden hingegen eine entspannte Haltung, welche entweder im Sitzen, so wie die berühmte Abbildung des meditierenden Buddhas, oder im Liegen eingenommen werden kann. Die weitere Auswahl der Meditationsform richtet sich danach, welches Ziel der Anwender verfolgt. Die Achtsamkeitsmeditation, die aus den buddhistischen Kontemplationsschulen stammt, dient ihrem Namen nach der Übung von höchster Achtsamkeit. Im Mittelpunkt steht das Gewahrsein, ein gedanken- und gefühlloses Verweilen im gegenwärtigen Moment, um sein wahres Selbst von seinem Selbstbild bzw. seinem Ego zu befreien. Nahe verwandt mit der Achtsamkeitsmeditation ist die Konzentrationsmeditation. Auch hier wird durch den Fokus auf die Gegenwart versucht, den ununterbrochenen Gedankenstrom zu stoppen und sich in die Quelle seines wahren Seins zu begeben, um aus seiner urinnersten Energie zu schöpfen. Als Hilfsmittel benutzen beide Meditationsformen häufig den Atem, der in vielen Traditionen auch als „Lebenshauch" den Körper mit der Energie des Geistes füllt. Eine weitere Form der Meditation, die auch in westlichen Ländern immer bekannter wird, ist die transzendentale Meditation. Ihre Teilnehmer wiederholen ein Mantra, das ihnen von einem

Meditationslehrer übermittelt wird. Durch die Wiederholung ihres Mantras durchlaufen sie schrittweise verschiedene Bewusstseinszustände, bis sie sich letztlich als Einheit mit ihrer Umwelt erfahren.
Meditationen erfreuen sich heute auch in rationalisierten Ländern einer wachsenden Beliebtheit. Die wissenschaftliche Erforschung ihrer Wirkweise werden in den Vereinigten Staaten sogar von dem amerikanischen Gesundheitsministerium finanziert und von berühmten Personen wie Michael Jordan (Basketball-Profi) oder Arnold Schwarzenegger (zuletzt US-Politiker) öffentlich empfohlen. Auch Steve Jobs meditierte nach eigenen Angaben jeden Tag. Der Schauspieler Clint Eastwood berichtete, dass er Meditationen seit über 40 Jahren regelmäßig zur Stressreduktion einsetzt und auch Hugh Jackman nutzt sie als „kleines Bad in der kraftvollen Quelle, die alles erschafft."
So ist die effektivste Bewusstseinsübung der alten Traditionen längst nicht mehr „alt", sondern moderner denn je. Zugänglich für die westliche Welt wurde sie vor allem durch ihre wissenschaftliche Erforschung. So ist beispielsweise der US-amerikanische Hirnforscher Dr. Richard J. Davidson für seine umfangreichen Untersuchungen an den Zusammenhängen zwischen Meditationen und Gehirnveränderungen bekannt geworden. In verschiedenen Experimenten erforschte er, wie sich das menschliche Gehirn, als die Schnittstelle zwischen unserer materiellen und immateriellen Existenz, während einer Meditation verändert. Berühmt sind seine Experimente, die er unter der Aufsicht des Dalai Lama an meditierenden tibetischen Mönchen durchführte. Die EEG-Ergebnisse (EEG = Elektroenzephalografie, Diagnostik zur Messung der elektrischen Gehirnaktivität) belegten, dass das Meditieren die Aktivität des Gehirns sowohl kurz-, als auch langfristig verändert. Die Messungen zeigten, dass die Gamma-Wellen des Gehirns, welche unter anderem starke Konzentration und Lernprozesse fördern, während einer Meditation bis zu 30-Mal höher waren, als im Normalzustand. Wegen dieser stark veränderten Gehirnwellenfrequenz wirken Meditationen auch unterstützend im Umgang mit Stress, psychischen Schmerzen und Ängsten.

Die vielseitigen und weitreichenden positiven Effekte sind heute detailliert erforscht. Deswegen nutzen auch immer mehr Ärzte und Psychologen Meditationen als unterstützende Heilmethode gegen alle Arten von energetischen Blockaden. Einer von ihnen ist der ehemalige Chiropraktiker und heutige Neurowissenschaftler Dr. Joe Dispenza. Nachdem er sich nach einem schweren Unfall gegen eine riskante Operation entschied und stattdessen durch eine intensive Meditationspraktik eine vollständige Genesung erfuhr, studierte er Neurologie und Neurowissenschaften, um ein akademisches Verständnis für die durch Meditationen häufig auftretenden Spontanremissionen (unerwartete Heilungen) zu gewinnen. Heute umfassen seine Studien über 4000 EEG-Messungen und weisen darauf hin, dass die regelmäßige Ausübung kurzer Meditationen auch den Heilungsprozess schwerer Krankheiten wie Tumore oder Parkinson positiv beeinflussen kann. Auch in Deutschland schreitet die neurobiologische Meditationsforschung voran. 2010 fand in Berlin zum ersten Mal der „Meditation und Wissenschaft"-Kongress statt und auch im Max-Planck-Institut für kognitive Neurowissenschaften untersuchten Hirnforscher bereits die Wirkung von Meditationen.

Heutzutage ist ausreichend bewiesen, dass die bekannteste aller Bewusstseinsübungen mehr als nur eine Entspannungstechnik ist. Ihre unmittelbare Wirkung ist ein verlangsamter Herzschlag, eine vertiefte Atmung und eine Entspannung der Muskeln. Ausgelöst werden diese Wirkungen von einer Entschleunigung der Gehirnwellen, sodass sich die verschiedenen Gehirnzentren, deren Aktivität aufgrund unseres stressigen Alltags meist ungeordnet ist, wieder synchronisieren können. So entsteht eine signifikante Stressreduktion, die auch noch nach der Meditation zu erhöhter Aufmerksamkeit, Gelassenheit, Kreativität und einem Anstieg der kognitiven Leistungen führt. Bereits während der Meditationen sinkt die Serumkonzentration des Stresshormons Cortisol bis zu 30%, während das Level des Glückshormons Serotonin ansteigt. Langfristig führt eine routinierte Meditationspraktik zusätzlich zu einem reduzierten Cholesterinspiegel und

einem niedrigeren Blutdruck, sodass Herz-Kreislauf-Erkrankungen wie Herzinfarkte und Schlaganfälle effektiv vorgebeugt werden.
Doch Meditationen verändern nicht nur die Biochemie unseres Körpers, sondern auch die Struktur unseres Gehirns. Die Dichte der Nervenzellen im Gehirn steigt an und seine Fähigkeit, Neuronen durch Synapsen miteinander zu verknüpfen, verbessert sich. So werden die Gehirnstrukturen dicker. Durch die gesteigerte Konnektivität können neue Prozesse nicht nur schneller, sondern auch nachhaltiger erlernt und für veraltete Prozesse ersetzt werden. Dieser Effekt eignet sich hervorragend für die Integration neuer Glaubenssätze, um die Grundschwingung unseres Bewusstseins anzuheben.

Die Bewusstseinsreise

Da unser Bewusstsein für das Erleben unserer Wirklichkeit das Gehirn nutzt, benötigt die Veränderung unserer Wirklichkeit eine Veränderung unserer Gehirnstruktur. Unser Denken, Fühlen und unser Verhalten sind unmittelbar an unsere Gehirnstruktur gekoppelt, deswegen verändern wir bereits durch die Bewusstseinsöffnung in Phase 1 die neuronalen Strukturen unserer materiellen Schaltzentrale. Die Meditation dringt noch eine Ebene tiefer ein. Im meditativen Zustand entfaltet sich das Unterbewusstsein, sodass sich die neurobiologische Architektur nicht erst durch die Mauern unseres Wachbewusstseins bohren muss, sondern direkt an dem unterbewussten Fundament unserer Realität ansetzen kann.

Die Bewusstseinsreise ist eine spezielle Meditation zur Bewusstseinserweiterung, die auf der strukturellen Konzeption der Bewusstseinsöffnung angepasst ist und eine harmonisch ergänzende Einheit mit Phase 1 der energetischen Metamorphose bildet. Einerseits dient sie dazu, die Achtsamkeits- und Reflektionsfähigkeit zu steigern, welche auch für die Effektivität der ersten Phase entscheidend sind. Andererseits ermöglicht die Bewusstseinsreise durch den unmittelbaren Zugang in das Unterbewusstsein eine direkte Eingliederung neuer Glaubenssätze. Dadurch hebt sie mit jeder Wiederholung die Grundschwingung unseres Bewusstseins merklich an.

Die Bewusstseinsreise ist eine geführte Meditation, geeignet für Anfänger und Fortgeschrittene. Durch die affirmative Sprachform sinkt sie unmittelbar in das Unterbewusstsein, sodass auch unerfahrene Anwender, die während der ersten Meditationen häufig noch mit Konzentrationsschwierigkeiten zu kämpfen haben, trotzdem einen spürbaren Effekt erzielen. Zudem nutzt diese Form der Meditation eine besonders bildreiche Sprache. Dadurch schult sie unsere Fähigkeit, Vorstellungen und Bedeutungen unserer Wahl ohne einen auslösenden äußeren Reiz frei zu erschaffen und somit auch unsere Energie frei auszurichten.

Außerdem hat die Bildersprache den Vorteil, dass sie die Muttersprache unseres Bewusstseins ist. Wörter sind lediglich ein Mittel der Menschen, um den Informationsaustausch zu präzisieren und einen einheitlichen Kommunikationsstandard zu schaffen. Allerdings büßen Worte ihre Präzision mit einer starken Reduktion an Informationen ein. Ein Bild sagt nicht nur mehr als 1.000 Worte, sondern überträgt aufgrund einer höheren Informationsdichte auch eine höhere Energie, als es Worte könnten. Deswegen nutzt unser Bewusstsein die wesentlich reichere Sprache der Bilder und übersetzt alles, was wir wahrnehmen, in Bildern. Die bildlose Wortsprache muss hingegen erst von unserem Bewusstsein in ein Bild übersetzt werden und verliert bei diesem Übersetzungsprozess einen Teil ihrer transformativen Energie. Aus diesem Grund haben Filme, Lieder und bildstarke Romane mehr Einfluss auf uns, als die Ratschläge eines Sachbuchs oder der wissenschaftliche Vortrag eines Professors, auch wenn diese einen wertigeren Informationsgehalt bieten. Die gesamte Werbeindustrie nutzt die hohe Wirkung von Bildern und auch Jesus hat seine Weisheiten in der Form von Gleichnissen gelehrt. Sie besitzen den höchsten transformativen Einfluss auf unser Unterbewusstsein, das wiederum den höchsten Einfluss auf unsere Realität hat. Paaren wir die Macht der Bilder mit einer gezielten Meditation, erhalten wir die effektivste Bewusstseinsübung, die nach dem heutigen Forschungsstand möglich ist.

Um ihre maximale Wirkung zu entfalten, sollte die Bewusstseinsreise mindestens einmal täglich praktiziert werden. Ergänzend zu der Bewusstseinsöffnung im Alltag, eignet sich ihre Anwendung abseits des Alltags am frühen Morgen oder am späten Abend. Zu diesen Zeiten befindet sich unser Gehirn in einem Dämmerzustand und wird vorwiegend vom Parasympathikus gesteuert, einem Teil unseres vegetativen Nervensystems, welcher der Ruhe und Erholung dient. So können wir in eine sanfte Tiefenentspannung gleiten, in der uns alle stressauslösenden Gedanken und Gefühle verlassen. Zudem ist die ruhige Atmosphäre essentiell, um unsere ungeteilte Aufmerksamkeit auf die Bewusstseinserweiterung zu lenken. Deswegen nehmen wir eine bequeme Haltung ein, wahlweise eine Sitz- oder Liegeposition.

Um die Entspannung weiter zu erhöhen, schließen wir während der gesamten Meditation unsere Augen. So kappen wir unsere Verbindung mit der Außenwelt und können schärfer in unser Inneres hineinsehen. Ebenso erschafft das Schließen der Augen in einer möglichen Kombination mit dem Anhören der Meditation über Kopfhörer einen inneren Rückzugsort, der uns gestattet, zu jeder Zeit an beliebigen Orten meditieren zu können.

Mit dem Schluss der Meditation endet auch die Konzentration auf ihren Inhalt. Nachdem wir aus dem meditativen Zustand zurückgekehrt sind, beginnt unser Wachbewusstsein wieder unser Unterbewusstsein zu verdrängen. Wenn wir nach der Bewusstseinsreise noch weiter über ihre Abenteuer nachdenken, kann das prüfende Wachbewusstsein unsere Erlebnisse vor allem zu Anfang überdecken und die Wirkung unserer meditativen Erfahrung durch seine kritisierende Funktion vermindern. Deswegen kehren wir nach der Meditation wieder aus dem Land unserer Träume in die Gegenwart zurück, um dort unsere Träume wahr werden zu lassen. Die Bewusstseinsreise endet nach etwa 15 Minuten. Damit das Meditieren zu einer festen Gewohnheit wird, so wie das An- und Ausziehen der Kleidung, empfiehlt es sich, feste Uhrzeiten zu wählen und diese auch beizubehalten. Erst wenn die Arbeit an unserem Bewusstsein so selbstverständlich wird wie die Manifestation unserer Wünsche, werden sie sich aus ihrer energetischen Wellenform lösen und in unsere materielle Wirklichkeit transzendieren.

Die Oase meiner Selbstliebe

Am Ende dieses Buches erhältst du die Möglichkeit, die nachfolgende Bewusstseinsreise als geführte Audio-Meditation kostenlos herunterzuladen.

Suche dir eine bequeme Position im Sitzen oder im Liegen, in der du dich wohlfühlst und dich entspannen kannst.

Wenn du so weit bist, schließe deine Augen und folge deiner inneren Stimme in dich hinein...

Ich atme tief ein und atme tief wieder aus.
Ich fülle meinen Körper mit Luft und lasse die Luft wieder los.
Die Luft zieht in mich ein und verlässt mich wieder.

Während der Hauch des Lebens durch mich ein- und ausfließt, beobachte ich mit ihm auch all die Gedanken und Gefühle, die zu mir kommen und sich in mir bewegen. Ich verurteile sie nicht, sondern schenke ihnen meinen inneren Raum, um sich frei in mir bewegen zu dürfen. Ich erlaube mir, meine Gedanken und Gefühle umherschweifen zu lassen.

Jetzt verabschiede ich mich von ihnen und kehre wieder zurück zu meinem Atem.
Ich atme tief ein und tief aus.
Ich befinde mich wieder im Hier und Jetzt.
Im ewigen Moment der Gegenwart, in dem meine Schöpferkraft unendlich ist.

Gemeinsam mit meinem Atem fließe ich durch meine Nase in meinen Kopf. Mit dem nächsten Atemzug sinke ich hinunter in meinen Hals, bis in meine Brust zu meinem Herzen. Ich spüre, wie mein Herz pulsiert und meinen gesamten Körper mit Energie füllt.

Ich fühle, wie die Energie mit jedem Atemzug durch mich hindurchfließt. Vom Kopf, in meine Brust, durch meinen Bauch, über meine Beine, bis in meine Füße. Jeder Atemzug füllt mich mit dem Geschenk des Lebens. Dieses Geschenk ist aus Liebe entstanden. Ich atme tief ein und tief aus. Ich lasse mich von der Liebe des Lebens erfüllen und spüre eine unendliche Lebendigkeit in mir.

Jetzt kehre ich zurück in mein Herz.

Aus meinem Herzen scheinen leuchtende Strahlen, die alles um mich herum in hellem Licht bedecken. Ich erkenne eine Türe in meinem Herzen und trete langsam an sie heran. Mit meinem nächsten Atemzug öffnet sich die Türe und ich schreite durch das Licht hinein in mein Herz.

Ich finde mich in einer Oase wieder. Inmitten einer hohen Wand aus goldgelben Dünen erstreckt sich vor mir ein türkisblauer See. Das ist der See meiner Selbstliebe. An seinem Ufer wächst olivgrünes Gras, das sich von seinem Wasser nährt. Aus dem Gras ragen riesige Palmen, die sich um den ganzen See verteilen. Die wärmenden Strahlen der Sonne, die hoch am Himmel lacht, küssen mein Gesicht.

Ich atme tief ein und aus. Dann begebe mich in den See. Das kristallklare Wasser reicht mir bis zur Brust, sodass ich ruhig in dem See verweilen und seine wohltuende Temperatur genießen kann.

Um der Oase weht ein Sturm, der den Sand der Dünen wild umherwirbelt. Im Schutze der Gräser und Palmen, die den Sand auffangen, beobachte ich ihn aus der Ferne.

Jedes Sandkorn ist eine meiner Ängste.

Die Angst wenig wert zu sein.
Die Angst etwas falsch zu machen.
Und die Angst verletzt zu werden.

Die Angst nicht dazuzugehören.
Die Angst abgelehnt zu werden.
Und vielleicht noch weitere Ängste.

Ich werde mir allen Ängsten bewusst, die ich in mir trage.

Selbst wenn der Sturm stärker wird, verstecke ich mich nicht, sondern bleibe inmitten des Sees stehen, während ich weiterhin ruhig ein- und ausatme. Ich verurteile meine Ängste nicht, sondern schenke ihnen einen Platz in meinem inneren Herzensraum, um frei hin und her fliegen zu können.

In dem Moment, in dem ich erkenne, dass es nur Sandkörner sind, die mir nicht wehtun können, legt sich der Sturm.

Ich verstehe jetzt, dass ich der Sturm war. Ich habe meine Ängste in mein Herz gelassen. Jetzt haben meine Ängste durch mich wieder mein Herz verlassen.

Während mein Blick um den See schweift, sehe ich, wie sich all die Dünen aufgelöst haben. Alle meine Ängste sind im Hier und Jetzt verflogen.

Nun erkenne ich, dass sich hinter meinen aufgelösten Blockaden ein unendliches Land erstreckt. Es ist noch frei. Frei, um von mir gestaltet zu werden.

Im vollkommenen Vertrauen lasse ich mich mit dem Rücken in den See meiner Selbstliebe fallen. Durch mein Vertrauen kann ich auch unter Wasser weiter atmen. Mit jedem Atemzug lasse ich das reinigende Wasser meiner Selbstliebe durch meinen gesamten Körper fließen. Es flüstert mir in meine Ohren:

Ich bin wertvoll.
Ich bin richtig.
Und bin liebenswert.

Nichts kann mich verletzten.
Mein Leben ist erfüllt.
Denn ich bin mit allem verbunden.

Ich liebe mich.
Ja, ich liebe mich wirklich.

Dann tauche ich aus dem Wasser wieder auf. Aus dem See meiner Selbstliebe wurde ich neu geboren. Ich steige aus dem See hinauf und schwebe nun über das Land meines Herzens. Ich kann das gesamte Land erblicken. Es ist unendlich und erstrahlt durch das Licht, das jetzt auch aus mir heraus scheint. Es ist das Licht meiner Liebe, der höchsten Energie des Universums. Meine Liebe breitet sich in meinem ganzen Herzen aus. Und plötzlich sehe ich, wie alles, was ich mir wünsche, durch die Energie meiner gegenwärtigen Liebe Wirklichkeit wird.

Ich habe eine Familie, die ich liebe.
Freunde, die ich liebe.
Einen Beruf, den ich liebe.
Einen Körper, den ich liebe.

Und ich bin ein Mensch, den ich liebe.

Alles, was ich mir wünsche, ist Wirklichkeit.

In dieser Gewissheit atme ich noch drei Mal tief ein und aus, sodass sich jede meiner Zellen mit meiner Liebe füllt.

Jetzt bin ich vollkommen erfüllt von der höchsten Energie des Universums.

Ich kehre zurück und schöpfe all die Wünsche für meine Zukunft aus der heutigen Gegenwart meiner unerschöpflichen Liebe.

Synchronizität

Eine entscheidende Frage der Schwingungserhöhung ist, wann sie die Höhe erreicht, in der sich unser innerer Bewusstseinszustand in unserer äußeren Wirklichkeit manifestiert. Diese Frage lässt sich nicht pauschal beantworten, da alle Energien des Universums ununterbrochen miteinander wechselwirken. Sowohl die Quantität, als auch die Qualität der zahllosen Wechselwirkungen machen präzise Vorhersagen unmöglich. Bereits die Kopenhagener Deutung besagt, dass quantenmechanische Phänomene nicht genau berechenbar sind, sondern lediglich durch Wahrscheinlichkeiten angegeben werden können. Demnach können wir zwar das Ergebnis eines Quantenphänomens auswerten, doch wir können nicht bestimmen, wie genau dieses Ergebnis zustande gekommen ist, da erst der Beobachter die Welle zu einem Teilchen, das heißt die Möglichkeit zu einer Manifestation, kollabieren lässt.

Allerdings existiert ein Phänomen, welches als Hinweis dafür dient, dass eine Schwingung beginnt sich zu manifestieren. Die bekannteste Dokumentation dieses Vorgangs stammt von C.G. Jung, dem Begründer der analytischen Psychologie. Er nannte ihn **„Synchronizität"** und bezeichnete damit verschiedene Ereignisse, zwischen denen keine bekannte Kausalbeziehung herrscht und die dennoch miteinander verknüpft sind. Jung erzählte beispielsweise von einer seiner Patientinnen, die im Rahmen seiner Behandlung in einem tranceähnlichen Traum, vergleichbar mit einem stark meditativen Zustand, einen goldenen Skarabäus als Geschenk erhielt. Kurz darauf flog ein Blatthornkäfer, der dem Skarabäus stark ähnelte, entgegen all seiner Gewohnheiten gegen die Fensterscheibe des Therapiezimmers. Eine weitere berühmte Synchronizität ist der sogenannte Pauli-Effekt. Dieser Effekt beschreibt das dokumentierte Phänomen, dass in der Gegenwart des Physikers Wolfgang Pauli die experimentellen Geräte in Laboren ohne einen direkten Eingriff plötzlich nicht mehr funktionierten.

In Bezug zu der Schwingungserhöhung des Bewusstseins entstehen diese äußeren Ereignisse durch einen starken Glauben an zusammenhängende innere Vorstellungen. Wenn wir uns beispielsweise wünschen, dass uns andere Menschen mehr akzeptieren, während wir lernen, uns selbst anzunehmen und damit die Energie der Akzeptanz einzunehmen, dann können sich in zeitlicher Nähe zu unserer Visualisierung bestimmte Umstände ereignen. Zum Beispiel, dass wir unerwartet Anerkennung, Lob und Aufmerksamkeit von Menschen erhalten, die uns sonst abgelehnt oder ignoriert haben. Durch den zweifellosen Glauben an das Eintreten eines Wunsches wird dieser innerlich realer, als jeder Umstand in der Außenwelt. Und wenn dieser Bewusstseinsgrad erreicht ist, beginnt er sich zu manifestieren. Um die innere Vorstellung energetisch so aufzuladen, dass ein solcher Bewusstseinsgrad erreicht werden kann, eignen sich hingebungsvolle Imaginationen, wie die Bewusstseinsreise oder wiederholte Affirmationen.

Synchronizitäten können auch ohne eine bewusste Ausrichtung unseres Bewusstseins im Alltag erscheinen, da unser Unterbewusstsein immer wirkt. Beispiele bieten das Wiedersehen eines Menschen, über den man gerade gesprochen hatte, die plötzliche Nachricht eines Freundes, an den man gerade gedacht hatte oder der „glückliche" Umstand, gerade zur richtigen Zeit am richtigen Ort gewesen zu sein. Diese Verknüpfungen zweier Ereignisse, die für Unwissende wie ein Wunder oder ein seltener Zufall wirken können, treten häufig mit einem geringen zeitlichen Abstand zwischen der inneren und äußeren Erfahrung ein. Daher stammt der Name der Synchronizität (altgriech.: „syn" = gemeinsam, „chronos" = Zeit). Glück und Pech zu haben ist weder Glück noch Pech, sondern Glaube.

Eine mögliche Erklärung für dieses Phänomen bietet die Quantenphysik. Unser Bewusstsein sendet unsere inneren Vorstellungen als Schwingung aus. Wird diese Schwingung über einen längeren Zeitraum aufrechterhalten, bis sie eine ausreichende Intensität erreicht, verdichtet sie sich und zieht eine materielle Wirklichkeit an, welche der Schwingung unserer inneren Vorstellung entspricht. Zwischen einer Schwingung und ihrer Manifestation liegt eine zeitliche Verzögerung, weil ihre Ressourcen bereitgestellt werden müssen und sie sich erst bei ausreichender Intensität manifestiert. Allerdings kann weder das Bewusstsein, noch die Bildung der Realität aktiviert oder deaktiviert werden. Es werden also ununterbrochen Schwingungen ausgesendet, die ununterbrochen manifestiert werden. So kann sich eine visualisierte Vorstellung bereits vor ihrer vollständigen Manifestation in einer energetisch niedrigeren Form zeigen. Begünstigt wird dieses Phänomen, wenn sich die synchronen Energien zum Zeitpunkt ihrer übereinstimmenden Schwingung in einem gleichen energetischen Umfeld befinden. Wenn sich die zusammenpassenden „Bausteine" also in der gleichen „Kiste" befinden, um sich wie ein energetischer Magnet gegenseitig anzuziehen und zu verschmelzen. So kann ein Mensch, zu dem wir uns immer hingezogen gefühlt haben, uns plötzlich seine Aufmerksamkeit schenken oder gar seine Liebe gestehen, nachdem wir selbst die Liebe zu uns wiederentdeckt haben. Oder ein finanzielles Problem löst sich unerwartet, nachdem wir die tiefgreifende Erkenntnis gewonnen haben, dass wir und unser Leben wertvoll sind.

Wenn du das 2-Phasen-Modell der energetischen Metamorphose regelmäßig praktizierst, wird sich deine Wirklichkeit sukzessive deinen Wünschen anpassen. Dies kannst du prüfen, indem du Ausschau nach den „Zufällen" in deinem Leben hältst. Sie werden sich dir zeigen. Die Synchronizität ist eine Konsequenz aus dem Gesetz der Anziehung. Die äußeren Phänomene können als Hinweis angesehen werden, dass dein Wille beginnt, sich mit deinem Glauben zu synchronisieren und sich in deinem Unterbewusstsein zu festigen. So dient jede Synchronizität als ein Beweis dafür, dass sich die Schwingung deiner Wünsche ihrer manifestierten Form nähert.

Der spirituelle Weg

Stelle dir vor, du wandelst auf einem goldenen Weg, bis du eine Oase erreichst, die dir alles schenkt, was du dir immer gewünscht hast. Du könntest den Rest deines Lebens in der Oase verweilen oder dem Weg weiter folgen. Gehst du weiter, löst sich der Weg auf. Das Land zerfließt. Und deine Wünsche verstreichen. Schließlich verbindet sich alles zu einer Einheit. Zum ersten Mal in deinem Leben ist alles anders. Zum ersten Mal in deinem Leben ist alles gleich.

Würdest du in der Oase verweilen oder dem Weg weiter folgen?

Jedes Problem, jeder Konflikt und jede Grenze sind vergessene Kinder der Dualität, die in unserem Schatten verweilen und in unserem Licht gegen unsere Wünsche wirken. Das Wesen der Dualität ist die Trennung. Ein negativer Glaubenssatz birgt eine **Dualenergie**, die uns von dem Überfluss des Universums trennt. Nicht nur jene Glaubenssätze, die direkt unsere Selbstliebe betreffen, trennen uns davon, ein erfülltes Leben zu führen. In uns wirken häufig noch weitere negative Glaubenssätze wie „Ich werde immer arm bleiben.", „Ich werde krank werden." oder „Das Leben ist schwierig." und „Die Welt ist ungerecht." Jede diese unterbewussten Überzeugungen färbt die Welt in „Schwarz" statt „Weiß", taucht sie in „dunkel" statt „hell" und bewertet sie als „böse" statt „gut". Wenn wir diese dualistische Sichtweise beibehalten, wird uns bis an unser Lebensende auch „Schlechtes" verfolgen. Eine dualistische Wahrnehmung führt zu einem Leben aus wechselnden Höhen und Tiefen, denn das, was wir im Inneren tragen, wird immer seinen äußeren Ausdruck suchen. Wer innerlich noch zwischen positiven und negativen Glaubenssätzen schwankt, findet sich auch in einem Leben wieder, das wie ein Pendel zwischen „guten" und „schlechten" Zeiten kreist. Jeder unserer destruktiven Glaubenssätze hält uns daher auf einer energetisch niedrigen Ebene fest. Auch wenn wir es schaffen, unsere selbstverachtenden Energien zu ersetzen, unsere Selbstzweifel abzulegen und uns mehr zu lieben, kann das Schiff unseres Lebens trotzdem noch durch schwankende Wellen kentern, falls sich noch weitere Dualenergien in unserem eigenen Meer der Möglichkeiten bewegen. Viele Menschen, die bereits ein Bewusstsein für ihre Energie entwickelt haben, beobachten dieses Prinzip, wenn ihre Energie nach einer Begegnung mit einer niedrigeren Energie abfällt. So können Menschen sich weitestgehend selbst lieben und trotzdem noch einen Energieverlust erleiden, wenn sie beispielsweise ein unerwarteter finanzieller Schlag trifft. In diesem Fall herrscht eine Dualität in uns, zu deren negativen Seite wir noch eine Resonanz tragen. Durch diese Resonanz laden wir die niedrigere Energie zu uns ein und gestatten ihr, in uns zu wirken und unsere Energie zu reduzieren. Wenn wir jene Energien aufgelöst haben, die unsere mangelnde Selbstliebe ausgelöst haben, doch trotzdem noch Angst vor finanzieller Armut haben, dann kann sich diese Angst weiterhin in unserem Leben manifestieren. So bleiben wir trotz einer hohen Schwingung anfällig für Energieverluste.

Durch eine regelmäßige Durchführung des Zwei-Phasen-Modells der energetischen Metamorphose können wir es schaffen, unsere Energien in eine gewünschte Richtung zu lenken. Doch so lange noch Dualenergien in unserem Bewusstsein existieren, die uns von dem Überfluss des Universums abgrenzen, werden sich diese Energien auch noch nach außen projizieren. Wenn wir ein Leben führen wollen, das sich nur noch in eine Richtung bewegt, dürfen wir unsere energetische Transformation nicht mit der Manifestation unserer anfänglich gewünschten Veränderungen beenden. Die energetische Metamorphose können wir nicht nur für die energetische Arbeit an unserer Selbstliebe anwenden. Sie ist so konzipiert, dass wir durch sie jede energetische Blockade in unserem Leben auflösen können. Dualenergien sind unaufgelöste Energien, die sich so lange in unserem Leben manifestieren werden, bis wir sie aufgelöst haben. Im Rahmen der „Schattenarbeit", eine psychologische Methode zur Integration abgespaltener Persönlichkeitsanteile, werden diese Energien als „Schatten" bezeichnet, die erst aufhören gegen uns zu wirken, wenn wir das „Unsichtbare” sichtbar machen und das „Ungewollte” annehmen. Erst die vollständige Vereinigung des „Unvereinbaren” offenbart uns die wahre Qualität unseres Lebens.

„Wenn ihr zwei zu eins macht, und wenn ihr das Innere wie das Äußere und das Äußere wie das Innere und das Göttliche wie das Irdische macht und ihr das Männliche und das Weibliche zu einer Einheit macht, [...] dann werdet ihr in das Königreich eintreten.”

- Jesus, Thomas-Evangelium

Die vollständige Auflösung unserer inneren Dualitäten wird in vielen Kulturen als der „spirituelle Weg” bezeichnet. Einige Menschen assoziieren diesen Weg mit bunt gekleideten Friedensaktivisten, die sich ausschließlich von Pflanzen und Sonnenlicht ernähren, gymnastische Körperübungen pflegen, still in einem Wald sitzen oder unter dem Dunst rauchender Stäbchen für die Rettung der Welt singen. All das kann Spiritualität sein, doch sie kann auch alles andere sein. Alles was wir denken, fühlen und wie wir handeln, ist spirituell. Auch wenn wir uns selbst loben, uns belohnen oder einfach nur Zeit mit uns verbringen, sind wir spirituell. Der spirituelle Weg ist der Weg der Entfaltung. Durch das Geschenk des freien Willens können wir entscheiden, in welche Richtung wir uns entfalten. Doch welche Richtung wir auch wählen, wir entfalten uns in jedem Moment unseres Seins. Wenn wir versuchen zu verstehen, dass keine falschen Richtungen existieren, sondern jede Richtung mit all ihren Kurven und Schleifen wichtig und richtig ist, dann begeben wir uns selbst in eine Richtung, auf der wir den Schleier vor dem Gesicht unserer wahren Existenz auflösen. Mit dieser Erkenntnis können wir nicht nur das Universum, sondern auch uns in unantastbarer Vollkommenheit betrachten. Welche Richtung wir in unserem Leben auch wählen, ob wir nur die Besucher am Empfang oder die Finanzen einer ganzen Bank verwalten, ob wir mit unserem Hund im Park oder als Astronaut auf dem Mond spazieren und ob wir einen Freund oder 1.000 Freunde haben, wir können nicht weniger als die Vollkommenheit sein, die wir immer waren und immer sein werden. Wir können nicht den Sinn des Lebens verfehlen, denn wir erfüllen ihn mit jeder Sekunde, in der wir leben.

„Wir sind keine menschlichen Wesen mit einer spirituellen, sondern spirituelle Wesen mit einer menschlichen Erfahrung.“ [13]

- Pierre Teilhard de Chardin, Philosoph

Spiritualität ist ein ewiger Weg, den wir immer gehen. Erkennen wir die Verbundenheit unseres Weges mit allen anderen Wegen, dann bewegen wir uns in die Richtung der höchsten Erkenntnis. Diese Erkenntnis ist das, was die östlichen Philosophien „Erleuchtung" nennen. Entgegen vieler Vorstellungen ist die Erleuchtung kein plötzliches Ereignis, sondern ein schrittweiser Prozess. Die „**Advaita**" (Sanskrit: „a-dvaita" = ohne Dualität) ist eine östliche Lehre der Non-Dualität, welche sich in drei Stufen gliedern lässt. Wer diese drei Stufen bis zur Erleuchtung überquert, hat die Dualität überwunden. Der „Erleuchtete" soll die essentielle Wahrheit der Verbundenheit erfahren und aus der Quelle der höchsten Energie schöpfen können.

Aufwachen

Der praktische Weg vieler östlicher Traditionen, wie auch der Advaita, beginnt mit dem „Aufwachen". Diese Stufe muss im Gegensatz zu den beiden folgenden Stufen keine Phase sein, sondern kann auch durch ein Ereignis ausgelöst werden. Obwohl das Aufwachen am wenigsten ein bewusstes Zutun benötigt, ist es der Schritt, den die Wenigsten gehen. Der Grund, warum nur ein geringer Teil der Menschheit „aufwacht", liegt in der zunehmenden Anzahl der Ablenkungen, die das „Aufwachen" verhindern. Wir leben im Informationszeitalter. Durch Technologien wie das Internet nimmt die Quantität an Informationen immer weiter zu. Folglich werden uns vor allem in der westlichen Welt unendliche Möglichkeiten geboten, durch die wir uns immer weiter von unserem wahren Wesenskern zu trennen scheinen. Die Verbesserung des eigenen Status und die Anhäufung von Besitz rücken in den Vordergrund, bis wir unser wahres Sein nicht mehr erkennen können und uns stattdessen mit unserem Ego identifizieren. Da jedoch auch die Quantität jener Informationen zunehmen, die zu einem „Aufwachen" beitragen können, wächst mit der Zahl der „Schlafenden" auch die Anzahl derer, die aus dem Traum ihres Egos erwachen. In vielen Gemeinschaften wird die heutige Zeit deswegen als ein mögliches „Wassermannzeitalter" datiert, in dem eine globale geistige Wende stattfinden soll.

Neben der ansteigenden Informationsflut dienen häufig auch Schicksalsschläge als auslösende Ereignisse für ein Aufwachen. So können vor allem Verluste wie die Trennung von einem geliebten Menschen, dem Beruf oder der Gesundheit dazu führen, dass wir uns zurück aus der äußeren Vergänglichkeit in unser ewiges Inneres kehren. Erst wenn wir den Boden unter den Füßen verlieren, erkennen wir das unzerstörbare Fundament darunter, das wir mit einer Schicht aus Dualitäten zugedeckt haben. Erstmals blicken wir über alle Illusionen hinweg und verstehen uns als Schauspieler in einer Rolle, die in dem Drama spielt, welches wir als unser Leben bezeichnet haben. Oftmals wird dieses „Aufwachen" von den Betroffenen anfangs als schmerzhaft empfunden, da sie sich nicht mehr mit der Gesellschaft verbunden fühlen. Verbundenheit ist unser stärkstes Grundbedürfnis, weil sie unserem innersten Sein entspricht. Wachen wir in einer Umgebung auf, in der die Menschen um uns herum noch „schlafen", können wir den Preis dieser Erkenntnis mit der Angst bezahlen, ausgegrenzt zu werden. Mit einem veränderten Bewusstsein nehmen wir die Welt anders wahr. Dadurch verändern sich auch unsere Gedanken-, Gefühls- und Verhaltensmuster. Bis sie sich so weit von denen der Masse unterscheiden, dass wir uns fortan von ihnen getrennt fühlen. Im Gegensatz zum Urzustand der Verbundenheit ist die Getrenntheit eine Urangst des Menschen. Deswegen tun wir alles, um dieser Empfindung zu entgehen. Paradoxerweise führen die dafür verwendeten „Schutzstrategien" (dem psychischen Selbstschutz dienende Verhaltensmuster) zu dem Gegenteil dessen, was wir uns durch sie erhoffen. Statt uns zu verbinden, trennen wir uns von unserem wahren Selbst, wenn wir uns jenen anpassen, die bereits die Verbindung zu ihrem Selbst vergessen haben. Das kollektive Bewusstsein stützt noch keine Ansichten wie, dass wir uns als erstes selbst lieben sollten, innere Liebe zu äußerer Liebe führe, geschweige denn, dass das Bewusstsein überhaupt einen Einfluss auf die Wirklichkeit habe. Allerdings ist auch die empfundene Trennung nach dem „Aufwachen" nur eine Illusion, durch die wir mit einem Übergang in die nächste Phase hindurchtreten können.

„Es gibt zwei Fehler, die man auf dem Weg zur Wahrheit machen kann - nicht den ganzen Weg zu gehen und nicht zu beginnen."[14]

-Buddha

Erwachen

Nach dem „Aufwachen" folgt in den Lehren der Non-Dualität das „Erwachen". Das Erwachen ist der anhaltende Prozess des Aufwachens, der den aktiven Willen des Betroffenen bedarf, sich in die Richtung seiner wahren Existenz weiter zu entfalten. So wie der gesamte spirituelle Weg, ist das Erwachen keine objektive Erfahrung, sondern ein individueller Prozess, der nicht zufällig einsetzt. Wir können nicht nur beeinflussen, dass er passiert, sondern auch, wie er passiert. Eine Karte, die als mögliche Orientierung dient, um den Weg des Erwachens zu bestreiten, zeichnet die energetische Metamorphose. Sie geht über die reine Erkenntnis der inneren Quelle hinaus und hilft dem „Erwachenden" dabei, seine bewusst gewordene Macht zu lenken, um sie für die Verwirklichung seiner Wünsche einzusetzen. Anfangs ist das Modell nützlich, um durch Selbstannahme auch äußere Ablehnungen aufzulösen oder durch einen hohen Selbstwert auch äußere Manifestationen von hohem Wert anzuziehen. Doch wenn wir den Anwendungsbereich nicht nur auf die akutesten Themen limitieren, sondern für unser gesamtes Leben öffnen, können wir all unsere limitierenden Dualenergien auflösen.

Häufig wird das Erwachen als völliger Paradigmenwechsel empfunden. Veranschaulicht wird dieser Prozess auch in Hollywood-Filmen wie „Matrix". Dort lernt der Protagonist „Neo" nach seiner Entscheidung für die „rote Pille" eine vollkommen neue Welt kennen, die sich hinter der illusionären Welt verbirgt, die jeder für wahr hält. Von außen betrachtet kann es wirken, als habe der Erwachende besondere Eigenschaften, die der Nicht-Erwachende nicht habe. Deswegen wird der Erwachende in der spirituellen Entwicklung häufig dem Nicht-Erwachenden übergeordnet. Allerdings sind diesen Begriffen keinerlei Bewertungen beigemessen. Sie dienen lediglich als metaphorische Hilfe zur Umschreibung verschiedener geistiger Zustände. Trotzdem ist jeder Mensch gleichwertig, unabhängig davon, ob er erwacht ist oder nicht, geschweige denn ein Bedürfnis verspürt, sich in die Richtung der Non-Dualität zu bewegen. Wer diese urteilsfreie Gleichheit aller Bewusstseinsstadien nicht anerkennt, kann sich auch nicht in einem Prozess des Erwachens befinden. Der Erwachende gewinnt nichts, sondern verliert etwas. Wie bei dem Schälen einer Zwiebel fallen nach und nach alle Schichten von ihm ab, die ihm den Blick auf seine schöpferische Quelle verwehrt haben. Bis er sie schließlich erreicht und sich innerlich mit ihr verbindet.

Erleuchtung

Die letzte Phase ist die Erleuchtung. Ein Buddha (dt.: der Erwachte, der Erleuchtete) hat alle Täuschungen seines Daseins überwunden. Er ist nicht mehr an die karmischen Kreisläufe aus Höhen und Tiefen gebunden und hat das Nirvana erreicht, das Ende allen Leids. Auch in der Yoga (dt.: Vereinigung, Verbindung), einer der bekanntesten philosophischen Lehren Indiens, wird durch verschiedene Meditationspraktiken, Körper- und Geistesübungen versucht, auf dem Weg der Selbsterkenntnis Eins mit dem Bewusstsein und allem zu werden. In modernen Überlieferungen wird diese geistige Vereinigung häufig als „Erleuchtung" übersetzt. Dadurch soll man sich mit der göttlich-universellen Kraft verbinden und in das Antlitz seines wahren Selbst blicken können. Dieser Zustand wirkt paradiesisch. Tatsächlich ist er auch paradiesisch, doch dieses Paradies liegt im Diesseits und erwartet uns nicht erst nach dem Tod. Jeder Mensch besitzt mit seinem Bewusstsein die Möglichkeit, noch während seines menschlichen Daseins sein eigenes Paradies auf Erden zu erschaffen. Wenn wir erleuchtet sind, dann sind wir über alle Grenzen hinausgewachsen und erlangen einen unendlichen geistigen Reichtum. Wir erreichen das „**Einheitsbewusstsein**". Eine tiefe Erkenntnis, dass wir mit dem gesamten Kosmos verbunden sind. So erhalten wir einen uneingeschränkten Einfluss auf unsere Schwingung und können sie zu jeder Zeit in jeden Raum lenken, den wir mit der höchsten aller Energien füllen wollen - der Liebe.

Das Wort „Liebe" wird heute leichtfertig benutzt und ist deswegen zu einer verzerrten Interpretation geworden, die keinerlei Gemeinsamkeit mehr mit ihrem Ursprung besitzt. Liebe ist keine Beziehung zwischen zwei Individuen, die aufgrund emotionaler Abhängigkeit entstanden ist und durch Verlustängste aufrechterhalten wird. Liebe ist auch nicht mit Zuneigung zu verwechseln und steht in keinerlei Zusammenhang mit hormonellen Trieben oder einer Zweckgemeinschaft. Sie ist kein Gefühl, sondern ein Bewusstseinszustand, erreichbar durch einen tiefen Erkenntnisvorgang über unsere energetische Verbundenheit zu allem.

Liebe kann nicht entstehen. Sie kann nur erkannt werden, denn sie ist unser Urzustand, aus dem wir entstehen, enden und in Ewigkeit sind. Jeder Mensch sehnt sich nach Liebe. Und solange wir uns in einer materiellen Täuschung aus unvereinbaren Dualitäten bewegen, werden wir uns „getrennt" fühlen. Getrennt von all dem „Guten" auf der Welt und getrennt von uns und unserem wahren Potenzial. Deswegen kann unser materieller Besitz bis in die Unendlichkeit steigen und trotzdem wird er uns niemals anhaltend befriedigen. Erst die Erkenntnis der Verbundenheit erlöst uns von unserer ewigen Suche nach dem Unbekannten, das wir immer waren, doch nie erkennen konnten. Liebe „ist". Überall, zu jeder Zeit und in jedem. Ihre wissenschaftliche Korrelation ist die Nullpunktenergie, welche sich in unermesslicher Größe in jedem Punkt des universalen Nullpunktfelds entfaltet. Sie ist die größte Energie, vorhanden in den kleinsten Teilchen. Jene Menschen, die etwas mit Liebe tun, tun es mit der höchsten Kraft der bedingungslosen Hingabe. Diese Hingabe entfesselt die höchste Energie in uns, sodass jeder Schritt, den wir mit Hingabe gehen, eine Stufe auf der Treppe zu unseren höchsten Träumen wird.

Die amerikanische Autorin Byron Katie hat die Formel für ein erfülltes Leben bestmöglich zusammengefasst: „Lieben, was ist". Im Bewusstsein der Liebe existieren keinerlei Dualitäten mehr. Alle Gegensätze werden eins. Folglich wird unser Leben nicht mehr von Schwankungen bestimmt. Jeder Ballast verlässt uns. Stattdessen kehrt eine grenzenlose Leichtigkeit in unser Leben ein. Wir blicken hinter alle Illusionen und erkennen jeden Moment in seiner vollen Blüte. Mit dieser Erkenntnis schwingen wir in der höchsten Ebene unseres Seins. Unsere Schwingung fällt nicht mehr durch niedrigere Schwingungen ab. Der Sturm, der die Flamme unserer Schwingung unser gesamtes Leben lang abwechselnd zwischen Höhen und Tiefen hin und her gepeitscht hat, beruhigt sich. Unsere Schwingung zentriert sich auf der höchsten Ebene. Auf dieser Ebene leben wir im Urklang des Seins, im Einklang mit unserem Selbst. Gelingt es uns, den Raum zu dieser Energie zu finden, ihn zu betreten und in ihm zu verweilen, verbinden wir uns mit der unendlichen Energie des Kosmos und können eine grenzenlose Realität schöpfen.

Die Erleuchtung beschreibt die letzte aller Metamorphosen des Bewusstseins. Für alle spirituellen Schulen ist sie der höchste Grad der geistigen Selbstverwirklichung. Dort wird sie als ein Eins-Sein mit Gott gelehrt. Sie ist somit die Erkenntnis, dass auch zwischen dem Menschen und Gott kein qualitativer, sondern lediglich ein quantitativer Unterschied existiert.

„Im weiten Ozean sind zahllose Wellen. Jede Welle ist von den anderen verschieden und kann separat wahrgenommen werden. Aber sie alle sind nur Wasser und vom großen Ozean nicht zu trennen. In der Realität sind sie alle eins. Die Unterschiede existieren nur scheinbar."

- „Samudrataranga-Nyaya", Das Gleichnis von Welle und Ozean

Die Erleuchtung impliziert die vollkommene Transzendenz zum wahren Selbst und bedeutet das Ende allen Leids bis in alle Ewigkeit. Bereits die Beschreibung dieses Zustands strahlt heller, als jede Sonne. Deswegen wird er von vielen „Reisenden" als unerreichbar angesehen. Jedoch ist die Erleuchtung weder als Weg, noch als Ziel zu betrachten. Vielmehr beschreibt sie mit der Auflösung der Dualität eine Richtung, die als Wegweiser für jene dienen kann, die über ihr erdenschweres Dasein hinauswachsen wollen. Die Erleuchtung ist weniger ein Werden und mehr ein Erkennen. Sie ist eine Schwingung und wir sind Energiewesen, denen das Geschenk gegeben wurde, unsere Schwingung bewusst auszurichten. Durch die unerschöpfliche Quelle unseres Bewusstseins können wir jede Schwingung annehmen, von der wir glauben können, sie in uns zu tragen.

Wer sich Besseres wünscht, muss sich nur erinnern, dass er Besseres ist.

Wer sich mehr wünscht, muss sich nur erinnern, dass er mehr ist.

Und wer sich Unendlichkeit wünscht, muss sich nur erinnern, dass er unendlich ist.

Häufig gestellte Fragen zur energetischen Metamorphose

Muss ich bei der 5-Finger-Methode wirklich meine Finger verwenden oder reicht es aus, die Schritte nur gedanklich zu durchlaufen?

Zwar löst die 5-Finger-Methode auch ohne die Zuhilfenahme der Finger einen spürbar positiven Effekt aus, nichtsdestotrotz hat der wechselnde Druck auf die Fingerspitzen einen entscheidenden Vorteil, welcher den Effekt der Bewusstseinsöffnung um ein Vielfaches steigern kann. Durch den regelmäßigen Fingerdruck während der Anwendung der 5-Finger-Methode erschaffst du ein neues Reiz-Reaktionsschema. Nachdem du dich anfangs noch darauf konzentrieren musst, welcher Finger für welchen Schritt steht und was als Nächstes folgt, wird sich der Fingerdruck nach einigen Wiederholungen zu einem biologischen Anker entwickeln. Fortan musst du lediglich noch Druck auf deinen Finger ausüben und du wirst automatisch beginnen, die fünf Schritt durchzugehen und so deine negative Schwingung schrittweise wieder anzuheben. Zusätzlich unterstützt dich der Fingerdruck ähnlich wie die Atmung dabei, deine Aufmerksamkeit von dem negativen Reiz abzuwenden und sie stattdessen der Erhöhung deiner Schwingung zu widmen.

Kann ich einzelne Schritte der 5-Finger-Methode auslassen?

Ich empfehle keinen der Schritte auszulassen. Die 5-Finger-Methode wurde mit Bedacht entwickelt. Jeder Schritt erfüllt eine wichtige Funktion. Einen dieser Schritte auszulassen würde die Effektivität der Bewusstseinsöffnung vermindern. Darüber hinaus ist die Verkürzung des Prozesses auch nicht notwendig. Wenn du die 5-Finger-Methode regelmäßig anwendest, kostet dich die Durchführung mit jeder Anwendung weniger Zeit, bis du sie schließlich binnen weniger Sekunden vollständig durchlaufen kannst. Außerdem werden sich auch deine Blockaden mit jeder Anwendung weiter lösen, sodass deine Schwingung im Allgemeinen seltener abfällt und du deswegen auch die Methode seltener benötigst.

Wann soll ich die 5-Finger-Methode einsetzen?

Der Einsatz der 5-Finger-Methode eignet sich nach jeder Situation, in der du dich in irgendeiner Form schlecht fühlst. Je häufiger du sie einsetzt, desto mehr gewöhnst du dich an sie und schaffst es so, sie als feste Gewohnheit in dein neues Leben zu integrieren. Wendest du sie in Kombination mit der Bewusstseinserweiterung regelmäßig an, können sich deine energetischen Blockaden in kürzester Zeit lösen.

Ich habe Probleme, wenn ich besonders ängstlich/traurig/verletzt/enttäuscht/wütend bin, meine Energie durch die 5-Finger-Methode umzukehren. Wie kann ich es trotzdem schaffen?

Gerade anfangs kann die Anwendung der 5-Finger-Methode bei besonders intensiven Gefühlen und einem starken Abfall unserer Schwingung herausfordernd wirken. Falls du anfangs noch ab und zu Schwierigkeiten dabei hast, empfehle ich dir, dass du dir nach sehr kritischen Reizen mehr Zeit für die Durchführung der einzelnen Schritte nimmst. Besonders die Atmung ist in diesen Fällen dein wichtigstes Werkzeug. Sobald du merkst, dass du dich während der Anwendung gedanklich verlierst oder deine Gefühle sehr stark sind, pausiere den aktuellen Schritt und konzentriere dich wieder auf die Atmung. Atme so lang ruhig aus und ein, bis du die 5-Finger-Methode fortführen kannst. Ist deine innere Reaktion trotzdem noch zu stark und dir gelingt es nicht, die 5-Finger-Methode bis zum Ende durchzuführen, probiere so weit zu kommen, wie es dir möglich ist. Verurteile dich nicht für einen Abbruch, denn die Energie des Urteils wird negativ wirken. Lobe dich stattdessen dafür, wie weit du trotz alledem gekommen bist und dass du es versucht hast. Wende die Methode beim nächsten Mal an, wenn deine Gedanken und Gefühle weniger belastend sind. Mit jedem Mal, bei dem du sie erfolgreich anwendest, wird es dir leichter fallen, deine Schwingung anzuheben.

Du sagst, dass alles Schlechte auch etwas Gutes hätte. Was ist mit all dem Leid, das tagtäglich geschieht? Und was ist mit dem Leid, das mir zugefügt wurde? Muss ich es gutheißen?

Durch die energetische Metamorphose heißt du das Leid von dir und anderen nicht gut. Im Gegenteil. Du leistest den größtmöglichen Beitrag, um sowohl dein individuelles Leid als auch das kollektive Leid aufzulösen. Um eine positive Veränderung anzustoßen, musst du jedoch zuerst die negativen Energien auflösen, welche dich von der Veränderung fernhalten. Und negative Energien aufzulösen ist lediglich durch Annahme möglich. Dabei ist etwas anzunehmen nicht das gleiche, wie etwas gutzuheißen. Annahme bedeutet lediglich, den Widerstand gegen etwas Gegebenes abzulegen, um diesem Widerstand deine Energie zu nehmen und ihm dadurch überhaupt erst zu ermöglichen, sich aufzulösen. Hast du einen Widerstand akzeptiert, kannst du deine Schwingung umkehren und anheben. Die positive Energie, die daraus resultiert, wird sich nicht nur in deinem Leben manifestieren, sondern sich zusätzlich auch durch energetische Wechselwirkungen auf deine gesamte Umwelt übertragen. Den einzigen Menschen, den du verändern kannst, bist du selbst. Doch wenn du dich veränderst, dann veränderst du alles.

Ich habe Angst vor negativen Gedanken und Gefühlen. Wird sich jede negative Energie manifestieren, die sich noch in mir versteckt?

Nicht alle unsere Gedanken und Gefühle manifestieren sich. Entscheidend für die Manifestationen in deinem Leben ist deine Grundschwingung. Bereits dadurch, dass du nur versuchst, deine Grundschwingung anzuheben, veränderst du sie bereits. Je mehr du an deiner Schwingungserhöhung arbeitest, desto weniger werden sich auch deine aktuell noch wirkenden negativen Energien manifestieren. Angst vor der Angst zu haben, verstärkt deine Angst nur weiter. Wohingegen das Vertrauen, dass die Rückschläge in deinem Leben durch die Arbeit an unserem Bewusstsein stoppen werden, bereits positiv wirkt.

Trage ich wirklich die Verantwortung für alles, was mir in meinem Leben zustößt?

Da unendlich viele Energien um dich wirken und du ein Teil der kollektiven Realität bist, kannst du nicht jeden Baustein in deinem Leben bestimmen. Trotzdem besitzt du die volle Kontrolle über dein Leben, denn du entscheidest, wie du die Bausteine in deinem Leben verarbeitest. Die restlose Übernahme von Verantwortung bedeutet nicht, eine Schuld auf sich zu nehmen. Stattdessen dient die Eigenverantwortung als Eigenermächtigung. Nur wenn du die Verantwortung für dich und dein Leben übernimmst, kannst du dich und dein Leben auch verändern.

Muss ich religiös sein oder an irgendetwas anderes glauben, damit die energetische Metamorphose funktioniert?

Die erfolgreiche Anwendung der energetischen Metamorphose verlangt keinerlei Glauben, außer den Glauben an dich selbst. Doch da auch dieser Glaube angeboren ist, kann sie jeder Mensch der Erde durchführen und sich von ihren weitreichenden Wirkungen erfüllen lassen. Da sie auf der energetischen Lehre als allgegenwärtige und unüberwindbare Gegebenheit beruht, sind die positiven Auswirkungen der energetischen Metamorphose unter der Voraussetzung einer korrekten und regelmäßigen Anwendung unausweichlich.

Muss ich jeden Tag meditieren?

Die energetische Metamorphose kennt keine Regeln und kann nach Belieben individualisiert werden. Alle genannten Angaben sind lediglich als Empfehlungen zu verstehen, um ein Maximum an Effektivität zu gewährleisten. Um auch jenen Menschen, die zeitlich stark beansprucht werden, trotzdem das tägliche Meditieren zu ermöglichen, wurde die Bewusstseinsreise mit einer Dauer von etwa 15 Minuten so kurz wie möglich gehalten, ohne dass sie dabei an Wirkung einbüßt. Je nach deinen individuellen Lebensumständen und Bedürfnissen empfehle ich dir, ein bis zwei Mal pro Tag in den Morgen- und/oder Abendstunden zu meditieren.

Ist es schlimm, wenn ich während der Bewusstseinsreise abgelenkt bin?

Gerade Meditations-Neulinge kämpfen häufig mit Konzentrationsschwierigkeiten. Auch aus diesem Grund wurde die Bewusstseinsreise auf eine Länge von 15 Minuten begrenzt. Falls du trotzdem noch Schwierigkeiten hast, dich auf die Bewusstseinsreise vollständig einzulassen, solltest du dich dafür nicht verurteilen. Je öfter du meditativ in dein Innerstes sinkst, desto leichter wird es dir auch fallen, dort zu verweilen.

Wie ist die Bewusstseinsreise am effektivsten?

Am effektivsten ist die Bewusstseinsreise, wenn du sie mindestens einmal täglich praktizierst und dich ihr in einer ungestörten Atmosphäre vollständig hingibst. Falls du zuhause einen solchen Rückzugsort nicht hast oder unterwegs meditieren möchtest, empfehle ich dir die Benutzung von Ohrhörern. Zusammen mit dem Schließen deiner Augen und etwas Übung kannst du so in fast jeder Situation und fast überall auf der Welt ein geistiges Refugium schaffen, in dem du dein Bewusstsein ungeachtet der Außenwelt erweitern kannst.

Danke

Das war

„Selbstliebe ist (k)eine Kunst"

Ich danke dir von ganzem Herzen, dass du einem meiner Bücher deine kostbare Zeit gewidmet hast. Ich hoffe sehr, dass du um viele neue Erkenntnisse reicher geworden bist, die dich auf deinem individuellen Weg begleiten und unterstützen.

Um die Bewusstseinsreise als geführte Meditation sowie die Affirmationen als Mantra zu erhalten, kannst du mir einfach eine E-Mail an **kontakt@fabianwollschlaeger.de** senden. Diese Adresse kannst du ebenfalls nutzen, wenn du noch Fragen zur energetischen Metamorphose hast. Gerne helfe ich dir, wo immer ich kann. Versprochen!

Zusätzlich kannst du gerne meine Webseite

www.fabianwollschlaeger.de

besuchen. Hier erfährst du etwas mehr über mich und erhältst eine Übersicht meine Bücher. Zusätzlich kannst dich in meinen kostenlosen Newsletter eintragen, um über zukünftige Neuerscheinungen informiert zu werden und kostenlose Angebote zu erhalten.

Falls dir dieses Buch gefallen hat und du noch ein weiteres meiner Bücher erwerben möchtest, beachte bitte den Hinweis vom Anfang, dass sich die „(k)eine Kunst"-Buchreihe auf die praktische Anwendbarkeit der Energetischen Metamorphose konzentriert. Deswegen unterscheiden sich in „(k)eine Kunst"-Büchern ausschließlich die themenspezifischen Beispiele sowie die Zusatzinhalte. Daher empfehle ich dir bei weiterem Interesse an meinen Werken den Erwerb eines Buches, das nicht zu dieser Reihe gehört.

Wo auch immer dein Wind dich hinweht, für deinen weiteren Lebensweg wünsche ich dir nur das Allerbeste.

In Liebe,

Fabian

PS: Falls du dazu beitragen möchtest, die Botschaft dieses Buches zu verbreiten, damit weiteren Menschen geholfen werden kann, wäre es eine riesige Hilfe, wenn du dieses Buch auf Amazon rezensieren würdest.

Vielen Dank!

Glossar

Die folgende Liste umfasst alle relevanten Begriffe dieses Buches. Die beigefügte Erklärung ist keine allgemeine Definition, sondern meine Interpretation und steht in einem spezifizierten Bezug zum Inhalt dieses Buches.

<u>Achtsamkeit</u>

Die Achtsamkeit bezeichnet die bewusste Aufmerksamkeit auf den gegenwärtigen Moment. In Phase 1 der energetischen Metamorphose nutzen wir sie als ersten Schritt der 5-Finger-Methode unmittelbar nach einem kritischen Reiz, um einen Raum zwischen uns und unseren Gefühlen zu schaffen und uns dadurch von ihnen zu lösen.

<u>Advaita</u>

Die Advaita beschreibt eine non-dualistische Weltanschauung aus der indischen Philosophie. Das Ziel ist die Erkenntnis, dass das Universum nicht aus dualistischen Gegensätzen besteht, sondern alles miteinander verbunden ist und eine harmonische Einheit bildet.

<u>Affirmation</u>

Eine Affirmation ist ein allgemeiner, positiver Glaubenssatz. Wenn dieser Glaubenssatz mit positiven Gefühlen gekoppelt und wiederholt wird, kann er in das Unterbewusstsein transzendieren und unsere Grundschwingung positiv beeinflussen.

Ausgleich

Der Ausgleich beschreibt den dritten Schritt in der ersten Phase der energetischen Metamorphose. In diesem Schritt wird die negative Energie des Betroffenen umgekehrt, indem er seine negative Haltung gegenüber des auslösenden Reizes polarisiert. Die Polarisation gestattet ihm, das „Positive" im „Negativen" zu erkennen. Durch die resultierende Akzeptanz setzt er seine aufgestaute Energie frei, um sie im nächsten Schritt nicht mehr in den Aufbau einer energetischen Blockade, sondern für die Manifestation seiner Wünsche einzusetzen.

Aufwachen

Das Aufwachen bezeichnet die Erkenntnis, dass der eigene Wesenskern jenseits von Körper und Ego liegt. Diese sind lediglich oberflächliche Schichten, welche die Sicht auf das wahre Sein verbergen. Häufig wird das Aufwachen durch ein plötzliches und tiefgreifendes Ereignis ausgelöst.

Bewusstsein

Das Bewusstsein ist unser innerster Wesenskern, der Körper und Geist nutzt, um sich und seine Umwelt zu erfahren. Es ist die treibende Kraft, die sowohl in ihrer Individualität, als auch im Kollektiv die Wirklichkeit durch die Schwingungen von Gedanken, Gefühlen unserem Glauben und auch dem daraus resultierendem Verhalten erschafft.

Bewusstseinsreise

Die Bewusstseinsreise ist eine spezielle Form der Meditation. Meditationen sind effektive Bewusstseinsübungen, die zahlreiche positive Effekte auf Körper und Geist haben. Die Bewusstseinsreise nutzt diesen Effekt in der zweiten Phase der energetischen Metamorphose und erhöht die Grundschwingung des Meditierenden. Sie zeichnet sich durch ihre affirmative

Sprachform, eine bildreiche innere Erfahrung und die gezielte Behandlung einer speziellen Blockade aus.

Das Gesetz der Anziehung

Das Gesetz der Anziehung beschreibt das Prinzip, dass eine ausgesendete Schwingung eine gleiche Schwingung anzieht. Es beruht auf der Theorie, dass unser Bewusstsein Schwingungen erzeugt, die auf der Basis einer Interpretation der Kopenhagener Deutung dazu in der Lage sind, die Materialisierung eines Teilchens zu beeinflussen. Da Materie eine Verdichtung von schwingender Energie ist, muss die Materie als Wirkung die gleiche Schwingung wie ihre energetische Ursache in sich tragen. Auf dieser Annahme beruht der Schluss, dass gleiche Bewusstseinsschwingung gleiche Materieschwingung anzieht.

Destruktive Interferenz

Eine destruktive Interferenz entsteht, wenn sich zwei unterschiedlich schwingende Wellen überlagern. Je nach Schwingungsmuster können sich die Schwingungen dadurch beeinträchtigen und auslöschen. Wenn unser Wille nicht unserem Glauben entspricht, wird die schwächere Schwingung des Willens von der starken Schwingung des Glaubens ausgelöscht.

Dualenergie

Dualenergien sind unaufgelöste negative (oder positive) Energien, die durch trennende Glaubenssätze entstehen und unterbewusst in uns wirken. In ihrer äußerlichen Manifestation sorgen sie für ein Leben, dessen Ereignisse und Umstände abwechselnd zwischen Höhen und Tiefen schwanken.

Dualität

Die Dualität beschreibt zwei widersprüchliche Gegensätze. Im Unterschied zur Polarität ist die Dualität eine Sichtweise, welche zwei verbundene Gegensätze voneinander trennt und sie als unvereinbar wahrnimmt.

Energetische Metamorphose

Die energetische Metamorphose ist ein ganzheitliches Zwei-Phasen-System zur Bewusstseinsöffnung und Bewusstseinserweiterung. Es lehrt den Anwender, seine negativen Schwingungen auszugleichen und seine Grundschwingung zu erhöhen, um eine Transformation seiner Wirklichkeit zu erreichen.

Erleuchtung

Die Erleuchtung ist je nach Kontext des spirituellen Verständnisses eine Erkenntnis oder ein Prozess, bei dem der Anwender sich als verbundene Einheit zum ganzen Universum erkennt. In diesem Bewusstseinszustand sind alle Dualitäten aufgelöst, sodass der „Erleuchtete" kein Leid mehr erfährt und sein Leben aus der Quelle der höchsten Energie schöpft.

Erwachen

Das Erwachen ist der anhaltende Prozess des Aufwachens. Der „Erwachende" entschließt bewusst, sich in die Richtung seiner wahren Existenz weiter zu entfalten und schrittweise alle Illusionen der Trennung zu überwinden, um ein Leben im Bewusstsein vollkommener Verbundenheit zu führen.

Glaubenssätze

Glaubenssätze sind Überzeugungen, die wir als unumstößliche Wahrheit über uns und unsere Umwelt annehmen. Sie entstehen zum Großteil in unserer Kindheit und wirken aus dem Unterbewusstsein heraus. Von dort aus entscheiden sie, wie wir unsere Realität wahrnehmen, was wir denken, wie wir uns fühlen und wie wir auf Reize reagieren. Damit bilden sie die Grundschwingung unseres Bewusstseins und haben den höchsten schöpferischen Einfluss auf unsere Realität.

Grundschwingung

Die Grundschwingung unseres Bewusstseins setzt sich aus den Schwingungen unserer Gedanken und Gefühle zusammen. Da unsere Gedanken und Gefühle von unseren Glaubenssätzen bestimmt werden, haben diese den höchsten Einfluss auf unsere Grundschwingung, die sich als unser innerstes Sein nach außen ausdrückt und damit unsere Außenwelt erschafft.

Higgs-Feld

Das Higgs-Feld ist ein allgegenwärtiges universales Feld, das der Energie der Materie in Wechselwirkung ihre Masse verleiht. Es entschleunigt die Schwingung der Energie und bildet so die fest wirkenden Energiestrukturen, die wir als Materie bezeichnen.

Interferenz

Die Interferenz bezeichnet eine Überlagerung von zwei oder mehreren Wellen. Das daraus resultierende Wellenmuster wird durch die individuellen Schwingungen der Einzelwellen bestimmt. Nach einer Interpretation der Kopenhagener Deutung aus der Quantenphysik können sich die Schwingungen unseres Bewusstseins mit Schwingungen aus dem universalen Feld überlagern, sodass ihre Wellenform kollabiert und sich zu Materie verdichtet.

Kausalenergie

Als Kausalenergien werden Wirkungen in Bezug zu der Ursache bezeichnet, aus der sie hervorgegangen sind. Aufgrund ihres kausalen Zusammenhangs tragen Kausalenergien die gleiche Energie wie ihre Ursache in sich. Daraus resultieren Annahmen wie das Gesetz der Anziehung oder Karma, welche besagen, dass Gleiches Gleiches anzieht.

Kausalprinzip

Das Kausalprinzip beschreibt die Wirkweise von Ursachen und ihren Wirkungen, die in ihrem Bezug zueinander auch Kausalenergie genannt werden. Danach sind Ursache und Wirkung in ihrer Energie identisch, weil sie auseinander hervorgehen. Deswegen wird dieser Beziehung eine „anziehende" Eigenschaft zugesprochen.

Kohärenz

Die Kohärenz bezeichnet gleichartige Wellen- bzw. Schwingungsmuster. Nach einer Interpretation der Kopenhagener Deutung aus der Quantenphysik können kohärente Schwingungen bei einer Überlagerung zu einem Kollaps der Wellenfunktion führen und sich zu Materie verdichten. So können sich die kohärenten Schwingungen eines Glaubens mit einer Möglichkeit aus dem universalen Feld überlagern, sodass sich die Möglichkeit manifestiert.

Konstruktive Interferenz

Eine konstruktive Interferenz entsteht, wenn sich zwei gleichschwingende Wellen überlagern. Je nach Schwingungsmuster können sich die Schwingungen dadurch beeinträchtigen und verstärken. Wenn unser Wille unserem Glauben entspricht, wird sich die Schwingung verstärken und nach dem Gesetz der Anziehung entsprechende Möglichkeiten in unsere Realität ziehen.

Kopenhagener Deutung

Die Kopenhagener Deutung ist eine Interpretation der Quantenmechanik, die unter anderem besagt, dass der Aufenthalt eines Quantenobjekts nicht genau bestimmt, sondern lediglich durch eine Wahrscheinlichkeit angegeben werden kann. Erst wenn das Quantenobjekt beobachtet und ein Ergebnis erwartet wird, was in einer quantenphilosophischen Sichtweise dem Glauben des bewussten Beobachters entspricht, kollabiert die Wahrscheinlichkeitswelle und wird zu einem terminierbaren Teilchen. Aufgrund dieses Effekts dient die Kopenhagener Deutung als Interpretationsgrundlage für philosophische Sichtweisen, die den Welle-Teilchen-Dualismus auch auf Phänomene der Alltagswelt beziehen.

Meditation

Meditationen sind effektive Bewusstseinsübungen, die zahlreiche positive Effekte auf Körper und Geist haben. Je nach Meditationsform eignen sie sich unter anderem zur Stressreduktion, zur Schulung des Geistes und zur Integration neuer Glaubenssätze. Dabei kehrt sich der Meditierende mit oder ohne eine auditive Führung in sein Inneres und konzentriert sich darauf, einen angestrebten Bewusstseinszustand zu erreichen. Im Rahmen der energetischen Metamorphose werden Meditationen genutzt, um die Grundschwingung des Anwenders zu erhöhen und seine Energie auf die Manifestation seiner Wünsche auszurichten.

Nullpunkt-Feld

Das Nullpunkt-Feld ist ein hypothetisches allgegenwärtiges Feld, dass das gesamte Universum durchdringt und alle Energien miteinander verbindet. Es dient als Informationsstruktur für den informativen Austausch zwischen Energien und als Grundlage für die Theorie, dass sich selbst im „Nichts" eine unvorstellbar hohe Menge Energie konzentriert.

Phase 1 - Bewusstseinsöffnung / 5-Finger-Methode

Die Bewusstseinsöffnung ist die erste Phase der energetischen Metamorphose. In dieser Phase wird im ersten Schritt Achtsamkeit für das Auftreten negativer Gefühle entwickelt, um so seine abfallende Schwingung während des Alltags zu identifizieren. Nachdem das Gefühl benannt wurde, beginnt der Anwender durch seinen Bauch tief ein- und auszuatmen, um den geistigen Raum zwischen sich und seinen Gefühlen auszudehnen und sich dadurch von ihnen zu lösen. Daraufhin wird die negative Bewertung des kritischen Reizes polarisiert. So schafft es der Anwender, die gegenwärtige Situation zu akzeptieren und die energetische Blockade zu lösen. Daraufhin wiederholt er eine Affirmation seiner Wahl und lädt sie während der leisen oder lauten Aussprache emotional auf. Damit integriert er einen neuen Glaubenssatz mit einer positiven Schwingung. Zuletzt beendet er die Bewusstseinsöffnung mit einer kleinen Aktion, welche die positive Energie der Affirmation trägt und verstärkt. Begleitet wird dieser Prozess von einem abwechselnden Druck auf die fünf Finger einer Hand, um den gesamten Vorgang als biologischen Anker zu speichern und so die energetische Umkehrung eines kritischen Reizes nach ausreichender Wiederholung durch den Fingerdruck automatisch auszulösen.

Phase 2 - Bewusstseinserweiterung

Die Bewusstseinserweiterung ist die zweite Phase der energetischen Metamorphose. Um die Schwingung abseits des Alltags weiter zu erhöhen, wird eine Bewusstseinsreise zur Bewusstseinserweiterung benutzt. So schafft es der Anwender, neue Glaubenssätze in sein Unterbewusstsein zu integrieren und damit die gebündelte Energie seines Bewusstseins gezielt auf die Manifestation seiner Wünsche auszurichten.

Polarisation

Die Polarisation beschreibt die Technik des positiven Ausgleichs, dem dritten Schritt der 5-Finger-Methode in Phase 1 der energetischen Metamorphose. Auf der Grundlage der allgegenwärtig herrschenden Polarität suchen wir das Gute im „Schlechten". Durch diese Verbindung kehren wir die negative Schwingung um und gleichen sie positiv aus, um die blockierte Energie freizusetzen und im folgenden Schritt für die Integration eines neuen Glaubenssatzes zu verwenden.

Polarität

Die Polarität ist ein Prinzip, nach dem zwei gegensätzliche Pole untrennbar miteinander verbunden sind und gemeinsam eine Einheit bilden. Aus philosophischer Betrachtung ermöglicht die Polarität die Erkenntnis, dass alles „Negative" auch etwas „Positives" hat. So verhilft sie zu Akzeptanz und dient als Grundlage zur Freisetzung negativer Energien.

Quantenphysik

Die Quantenphysik ist ein vergleichsweise junges Kind der Physik, dass die Ebene der Quanten erforscht und zu Erkenntnissen wie dem Welle-Teilchen-Dualismus geführt hat.
Auf ihrer Grundlage sind die quantenphilosophischen Interpretationen entstanden, welche den bewussten Beobachter und seine Erwartung für den Welle-Teilchen-Dualismus verantwortlich machen und ihm in diesem Zusammenhang die Fähigkeit zusprechen, die Manifestation einer Möglichkeit aus einem entsprechenden Bewusstseinszustand heraus zu beeinflussen.

Raum- und Zeitreisen

Mit Raum- und Zeitreisen sind die gedanklichen Reisen durch Vergangenheit und Zukunft gemeint, die der Mensch tagtäglich unzählige Male unterbewusst antritt. In seiner Vorstellungskraft ist der Mensch reines Bewusstsein, befreit von räumlichen und zeitlichen Grenzen. Diese Freiheit wirkt häufig gegen uns, weil wir uns so unbewusst in psychischen Schmerzen und mentalen Grenzen verhaften können. Sind wir uns dieser Fähigkeit hingegen bewusst, können wir sie einsetzen, um durch frei wählbare Vorstellungen und Bedeutungen die Schwingung unseres Bewusstseins zu erhöhen.

Schwingung

Die Schwingung ist ein Synonym für Energie bzw. die Bewegung von Energie. Alles im Universum besteht aus schwingenden Energien. Das Universum aus der Sichtweise der Schwingung zu betrachten kann helfen, ein tieferes Verständnis für das Leben und die schöpferischen Prozesse in der Realität zu gewinnen.

Schwingungsfrequenz

Die Schwingungsfrequenz wird von unseren Gedanken bestimmt und beschreibt die Schwingungshöhe, auf der sich unser Bewusstsein bewegt. Gemeinsam mit der Schwingungsintensität bildet die Schwingungsfrequenz die Grundschwingung unseres Bewusstseins.

Schwingungsintensität

Die Schwingungsintensität wird von unseren Gefühlen bestimmt und beschreibt die Intensität, mit der sich die Schwingung unseres Bewusstseins bewegt. Gemeinsam mit der Schwingungsfrequenz bildet die Schwingungsintensität die Grundschwingung unseres Bewusstseins.

Stringtheorie

Die allgemeine Stringtheorie ist eine Zusammensetzung verschiedener physikalischer Modelle, welche den kleinsten Teilchen als Grundbausteine des Universums keine punktförmige

Struktur mehr zuordnet, sondern sie als fadenartige schwingende Objekte klassifiziert. Nach der Stringtheorie ist demnach auch Materie nicht fest, sondern eine geordnete Struktur von schwingenden „Energiewirbeln".

Trinität

Die Trinität beschreibt drei einzelne Teile, die in ihrer Verbindung eine machtvolle Ganzheit bilden. Alle drei Teile besitzen für sich ein schöpferisches Potenzial, doch erst in ihrer Verbundenheit ergeben sie das höchste schöpferische Potenzial. Diese Trinitäten lassen sich in verschiedenen Religionen und anderen Bereichen finden. Auch ein Glaube entsteht aus der Trinität von Wille, Gedanken und Gefühlen.

Unterbewusstsein

Das Unterbewusstsein bildet gemeinsam mit dem Wachbewusstsein die Gesamtheit unseres Bewusstseins. Nach verschiedenen Schätzungen bestimmt es zwischen 80 und 99% unseres Bewusstseins und dient vor allem der Wahrnehmung und Verarbeitung unserer Realität, sowie unsere aktive Führung durch unseren Alltag. Außerdem besitzt es eine besondere Rolle für die energetische Metamorphose, weil es der Sitz unserer Glaubenssätze ist, welche von dort aus wirken und unsere Realität maßgeblich gestalten.

Wachbewusstsein

Das Wachbewusstsein bildet gemeinsam mit dem Unterbewusstsein die Gesamtheit unseres Bewusstseins. Es nimmt prozentual nur einen sehr geringen Teil unseres Bewusstseins ein, befähigt uns jedoch zu der wichtigen Eigenschaft, unsere Gedanken, Gefühle und Handlungen reflektierend zu überprüfen. Erst durch die Reflektion können wir unterbewusste Muster erkennen, bearbeiten und auflösen. In der energetischen Arbeit ist das Wachbewusstsein deswegen der Schlüssel, welcher das Tor zum

Unterbewusstsein öffnet, in dem die energetische Metamorphose letztendlich stattfindet.

Welle-Teilchen-Dualismus

Der Welle-Teilchen-Dualismus bezeichnet die quantenphysikalische Erkenntnis, dass Quantenobjekte sowohl die scheinbar konträren Eigenschaften von Wellen, als auch von Teilchen annehmen können. Quantenphilosophische Sichtweisen machen für den Wechsel zwischen Welle und Teilchen den bewussten Beobachter und seine Erwartung verantwortlich und bilden damit eine Grundlage für die Annahme, dass wir mit unserem Bewusstsein eine energetische Anziehungskraft besitzen.

Quellenverzeichnis

[1] Physik und Philosophie, Auflage 2006, S. 92

[2] Physik und Philosophie, Auflage 2006, S. 92

[3] Wissenschaftler und Weise, Auflage 1992, S.91

[4] Zitiert nach: Fritjof Capra, Das Tao der Physik, S. 209

[5] Physik und Philosophie, Auflage 2006, S. 153

[6] Das bewusste Universum, Auflage 2013, K. 8

[7] Nick Herbert, Quantenrealität: Jenseits der neuen Physik, Auflage 1987, S. 43

[8] Zitiert nach: www.energie-schwingung.de/schwingendes-universum, 12:00, 15.11.2018

[9] Zitiert nach: www.aphorismen.de/zitat/18842, 12:00 15.11.2018

[10] Zitiert nach: www.secret-wiki.de/wiki/Gesetz_der_Anziehung, 12:00, 15:11.2018

[11] Zitiert nach: www.zeit.de/zeit-wissen/2006/02/Gefuehle_Titel/seite-5, 12:00, 15.11.2018

[12] Zitiert nach: www.dfme-achtsamkeit.de/zitate-ueber-achtsamkeit, 12:00, 15.11.2018

[13] Zitiert nach: www.zentrum-fuer-psychosynthese.de/psychosynthese-spiritualitaet-bewusstsein.html, 12:00, 15.11.2018

[14] Zitiert nach: www.gutezitate.com/zitat/226626, 12:00, 15.11.2018

39394654R00094

Printed in Poland
by Amazon Fulfillment
Poland Sp. z o.o., Wrocław